Serie Bianca Feltrinelli

**PAOLO
BERIZZI
L'EDUCAZIONE
DI UN FASCISTA**

© Giangiacomo Feltrinelli Editore Milano
Prima edizione in "Serie Bianca" febbraio 2020

Stampa Grafica Veneta S.p.A. di Trebaseleghe - PD

ISBN 978-88-07-17372-1

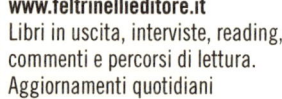

www.feltrinellieditore.it
Libri in uscita, interviste, reading,
commenti e percorsi di lettura.
Aggiornamenti quotidiani

Agli indifferenti

L'educazione fascista è morale, fisica, sociale e militare: è rivolta a creare l'uomo armonicamente completo, cioè fascista come noi vogliamo.

BENITO MUSSOLINI

Mi hanno detto: o sei così, o non sei niente. Un vero italiano non tradisce. Tutte stronzate.

STEFANO F., ex naziskin

Basta che un uomo odi un altro perché l'odio vada correndo per l'umanità intera.

JEAN-PAUL SARTRE

Fascismo:
Movimento politico nato nel 1919.
Una terza via, un'alternativa al marxismo e il capitali[smo]
- Riconosce la proprietà privata
- Rifiuta i principi della democrazia liberale.

Introduzione
Dente di lupo

[annotazione a margine sinistro:] oggetto a cui si attribuisce un valore e un potere magico di aiuto o(protezione) che si conserva. Qualcosa che ha un grande potere.

[annotazione a margine destro:] Un cominciamento che si impone alla coscienza per azione diretta o indiretta, a cui non c'è una resistenza valida.

Il talismano non educa. È solo suggestione. Ma le suggestioni influenzano, scelgono con cura la loro preda. La rendono materia plasmabile. Non esiste suggestione che possieda la nettezza dei confini. Il perimetro si dilata. Lo determini tu. A seconda di come sei predisposto, sarai più o meno vulnerabile e la tua permeabilità aprirà all'influsso esterno. Per uno che avrà resistito alla suggestione, altri si lasceranno accarezzare. Fino a restarne imprigionati. I giovani che si avvicinano al neofascismo lo vedono come un talismano: un oggetto cui si attribuisce un potere magico e benefico. Lo conservano e lo usano come uno strumento di successo, o di riscatto, nei rapporti umani e sociali.

Il dente di lupo è un simbolo nazifascista. È ascrivibile alla categoria dei talismani. Chi conosce i talismani sa che possono significare una cosa e il suo contrario. Sono monete reversibili: puoi scegliere un lato, oppure optare per il senso che si manifesta dall'altra parte. Non importa se i due lati confliggono. Il talismano è fatto così. Farai una scelta, ne verrai intriso completamente. La tua storia, quello che pensi, le tue azioni, anche i gesti governati dall'istinto: se sei un vero italiano, ti dicono i capi, il flusso della militanza fascista s'incanalerà lì dentro. Scorrerà in una sola direzione. Soltanto quella è ammessa. Fuori da lì, il nulla. Se tradirai sarai uno zero. Sono le prime parole d'ordine del giovane militante. Chi lascia il percorso dell'ultradestra paga doppio. Come in una setta. È questo il messaggio inculcato nella testa dei nuovi balilla. Un messaggio intriso di cameratismo, di senso di appartenenza a una comunità forte: emozione, creazione di un'identità, adesione a un modello che si propone come attuale e moderno. Ma che in realtà – sotto la vernice subdola dell'azione e del fascismo gentile – sa di vecchio, è drammaticamente antistorico. L'offerta si basa su un pacchetto di suggestioni: un insieme di spot che spesso fanno presa anche sulle debolezze del neofita da formare. I gruppi fascisti ti fanno sentire protagonista di una storia. Un figo. Perché nell'era del sovranismo spinto, sei figo se sei un lupo. Se appartieni al branco comunitario, a un "noi!" contro un "loro": contro il nemico di turno, che oggi è – prima di altri – lo straniero invasore. Il branco ha dei tratti distintivi, un carattere identitario, un codice, regole, capi, gregari. E non fa niente se il peso delle contraddizioni finirà per schiacciare clamorosamente i dogmi. Tu sarai già un soldato politico, un legionario, un guerriero, un patriota. Ti sarai già trasformato nell'uomo di domani.

Un'antica runa

Ho girato per le strade di Roma: da Colle Oppio al Tuscolano, da piazza Cavour a Torre Maura. Ho costeggiato decine di muri sfregiati da simboli runici, svastiche, croci celtiche, ideogrammi di gruppi ultrà, sigle di vecchi e nuovi sodalizi fascisti. Lo stesso ho fatto a Verona, ad Ascoli Piceno, a Varese, a Como, a Treviso e in decine di altre città. Mentre osservavo quelle scritte mi sono chiesto: perché il dente di lupo piaceva tanto ai trucidatori degli ebrei e ai loro alleati italiani? Il significato, certo. Ma anche la forma, il disegno. Provate a rovesciarlo. Nella versione barrata con allineamento orizzontale si possono leggere due S stilizzate, orientate come la runa delle SS, sebbene con un punto di contatto e una parziale sovrapposizione. Il lupo e il suo dente – allegoricamente, anche un gancio per reclutare i militanti, oggi sempre più giovani – hanno continuato a essere usati da molte organizzazioni neonaziste, a partire dalla fine della Seconda guerra mondiale.

Il dente di lupo in tedesco si chiama *Wolfsangel*. È una runa. Nelle lingue nordiche antiche la parola *runa* significava mistero, segreto, sussurro. Le rune sono allo stesso tempo un alfabeto e un sistema divinatorio. Anticamente erano legate alla tradizione dei Celti e dei popoli del Nord. Poi sono state mutuate dal popolo germanico, che alle rune allacciò la sua mitologia: ogni runa (sono venticinque) è collegata a una divinità, a un mito, a una leggenda del grande Nord. E ogni runa ha un significato ambivalente, può essere dritta o capovolta. Una runa, un talismano; un talismano, una runa: eccolo il doppio rimando del *Wolfsangel*. La leggenda racconta che questa runa preservasse dagli attacchi dei lupi. Allo stesso tempo, però, è anche il simbolo che lo indica, il lupo. Come la moneta con la sua duplice valenza propiziatoria: di qua o di là, difesa o attacco.

Il "dente", graficamente, fonde due rune: la *Eihwaz* e la *Naudiz*. La prima rappresenta i troll e gli elfi oscuri. Al dritto significa indipendenza, superamento delle difficoltà, successi e trionfi; al rovescio è l'emblema delle crisi nei rapporti personali, di speculazioni, ostacoli, invidie e rancori. È un talismano per ottenere indipendenza e avere il coraggio di decidere. La seconda è la runa delle ondine, che al dritto simboleggia sorprese piacevoli e inaspettate, regali, sogni rive-

13

latori; al rovescio incertezza, solitudine, stanchezza psico-fisica, bugie. È il talismano della fortuna.

Il dente di lupo fu il primo simbolo del nazismo. Poi venne soppiantato dalla svastica, ma è rimasto come stemma di numerose unità militari della Germania di Adolf Hitler.

Fuori dal perimetro delle suggestioni c'è la storia con le sue radici profonde. Radici che si conficcano nella carne da macello del regime fascista e dell'Olocausto, tuberi che innervano la terra di una memoria intrisa di violenza, sangue, odio, atrocità. Radici che hanno resistito al gelo. Quanti giovani camerati conoscono davvero la storia del fascismo e del nazismo a cui Mussolini aderì? Come gliel'hanno raccontata? Chi l'ha distorta prima di infilarla nelle loro orecchie?

In Italia il lupo è il simbolo di Lealtà Azione, gruppo di ispirazione neonazista vicino alla Lega – grazie alla quale ha potuto occupare anche posizioni istituzionali–, espressione politica del circuito dei violenti hammerskin. Quest'ultima è un'organizzazione guidata da picchiatori pregiudicati, una delle tante sigle dell'estrema destra che attrae i giovani con la metapolitica e l'associazionismo sovranista: scuole, quartieri, concerti, campi estivi, escursioni in montagna, volontariato patriottico, tifo da stadio. La formazione attraverso il sacrificio e la disciplina degli sport da combattimento.

In Germania l'esibizione pubblica della runa *Wolfsangel* è stata vietata. In Italia a fine anni settanta la adottarono i neofascisti di Terza posizione (fondata dal capo di Forza nuova, Roberto Fiore, da Gabriele Adinolfi, tra i guru di CasaPound – entrambi già plurilatitanti all'estero –, e da Giuseppe Dimitri, finito poi in Alleanza nazionale). L'ultima apparizione su scala mediatica del dente di lupo è stata con il tatuaggio impresso sulla tempia destra del "Lupo" fascioleghista Luca Traini, il soldato politico autore della tentata strage di Macerata del 3 febbraio 2018. Il vecchio sim-

bolo celtico e poi nazista è tornato di moda. Spunta accanto a rune, svastiche e croci celtiche nei loghi dei gruppi, dei circoli, delle associazioni, ai cortei, nelle curve ultrà, alle lugubri parate nere, nei manifesti dei raduni identitari e nazionalisti. Di denti di lupo è pieno il web, dove si agitano il neofascismo e nostalgie inquietanti del Terzo Reich. E poi ovviamente i social, il muretto dei giovani. Questo viaggio è dedicato a loro.
I ragazzi sono il terreno di conquista delle organizzazioni fasciste. Sono il pubblico e il bacino d'utenza a cui guardano i capi neri perché i ragazzi sono i voti di domani. Con il marketing della moda, della musica, degli slogan, della politica di strada li fanno sentire i maschi alfa del nuovo estremismo di destra. Un estremismo asimmetrico, liquido, che si sparge nell'alveo di sigle apparentemente scollegate dalla casa madre. In mezzo a quel sistema ci sono loro, i protagonisti di questo libro. I balilla e gli avanguardisti del terzo millennio. Lupi a guardia di una tradizione che spesso conoscono solo in parte. O non conoscono affatto.

I soldati politici sono tornati

Rieccoli. Novantaquattro anni dopo la nascita dell'Opera nazionale balilla (Onb), i partiti e i movimenti neofascisti – con la sponda della Lega nazionalista di Matteo Salvini – stanno allevando una nuova generazione di camerati. In Italia, nel paese che fu culla del fascismo di Benito Mussolini. La nazione dove già nel 1919 Filippo Tommaso Marinetti, futurista, fascista della prima ora, propose l'istituzione di "scuole di coraggio fisico e patriottismo". E dove nel 1926 il duce creò, appunto, l'Onb. Nome per esteso: Opera nazionale balilla per l'assistenza e per l'educazione fisica e morale della gioventù.
L'Onb era "finalizzata all'assistenza e all'educazione fisica e morale della gioventù". Era complementa-

re all'istituzione scolastica, una specie di perfezionamento. Ne avrebbero fatto parte i giovani dai sei ai diciotto anni, che verranno divisi in tre sottoistituzioni: figli della lupa (dai sei agli otto anni); balilla (dagli otto ai quattordici anni); avanguardisti (dai quattordici ai diciotto anni).

Oggi, in Italia, i nuovi soldati politici sono giovani e giovanissimi: dai tredici ai vent'anni. Da Catania a Viterbo, da Milano a Firenze, nella stagione del populismo sovranista i nuovi balilla e avanguardisti hanno iniziato a seguire le impronte del lupo. Alcuni per moda. Altri per abitudine trasmessa da amici o compagni di scuola. Altri dopo un concerto o una partita allo stadio. Altri ancora durante una gita comunitaria in montagna. In un paese dove il fascismo è fuorilegge, nessuno si vergogna più di dire "sono fascista". Dicono che sono fascisti perché "[il fascismo] ci fa sentire vivi in un mondo di morti". Perché "anche i miei amici sono fascisti". Perché "fanno bella musica". Perché "siamo italiani". Perché "i fascisti sono gli unici che difendono gli italiani". Perché "nella mia zona è pieno di negri". Perché "gli ebrei sono stronzi", "hanno la coda e mangiano il sangue". Perché "lo stato mantiene gli immigrati e agli italiani non gli dà un cazzo". Perché "ogni volta che vedo uno zingaro al semaforo lo vorrei menare". Perché "nel mio quartiere spacciano e sono tutti africani". Perché "ormai non si capisce più niente, chi è l'uomo e chi è la donna, sono tutti froci e vogliono anche adottare i bambini". Perché "ci vuole ordine". Perché "quando le cose non funzionano deve arrivare uno che mette tutto a posto".

La nuova gioventù nera cresce nelle scuole politiche e nei campi estivi di Forza nuova, CasaPound, Fratelli d'Italia, Lealtà Azione. Si compatta con l'intransigenza nazionalsocialista dei gruppi più estremisti e violenti, quelli a destra di tutti, il Veneto fronte skinheads, la Comunità militante dei dodici raggi

Do.Ra. di Varese. Un attivismo incentivato dalla Lega che partecipa alle iniziative inviando suoi esponenti. È una generazione attenta allo stile e all'estetica, a suo agio nell'uso dei social. Ha il culto del fisico e predilige gli sport da contatto pieno. La propaganda dell'ultradestra passa anche dai pugni sul ring. Ma non bisogna restare ancorati allo stereotipo dell'estremista col cranio rasato che fa casino allo stadio e picchia gli immigrati e gli omosessuali. I fascisti del terzo millennio si propongono, spesso, come fascisti gentili. Mostrano il volto più presentabile di chi mette il proprio tempo a disposizione della comunità. Perché fortemente comunitario è lo spirito che gli viene insegnato. Li istruiscono a penetrare nella vita quotidiana presidiando le periferie e lavorando sul tessuto sociale dei connazionali meno fortunati. Ad abbinare il volontariato patriottico alle campagne contro l'invasore straniero. Ad andare oltre lo schema fascismo-antifascismo che molti, furbescamente, dicono di ritenere superato, ma che in realtà li permea completamente: è il loro habitat, la loro forza.

Facendo finta di voler ammazzare questa dicotomia i nuovi camerati si destreggiano dentro una specie di bipolarismo freudiano voluto. È un'operazione di puro mimetismo che serve a celare la loro vera identità. E con questa tecnica guadagnano spazi. Quando se li sono presi, di solito gettano la maschera: dietro la vernice dell'assistenza di strada, sotto la patina dell'attenzione ai ceti fragili, c'è l'inclinazione sempre marcata all'aggressività e alla violenza. Tra l'una e l'altra faccia di questo mondo multiforme e contraddittorio esiste uno spazio intermedio nel quale i militanti, memori delle radici da cui provengono, svuotano di contenuti intellettuali la battaglia politica per ritornare all'azione: aggressioni, scontri, intimidazioni in stile mafioso. Pronti a cedere allo squadrismo anche tra i banchi di scuola. A odiare e a sopraffare l'avversario.

I nuovi balilla si riconoscono dietro gli striscioni dei gruppi ultrà nelle curve nostalgiche che inneggiano a Mussolini e a Hitler e celebrano come eroi e martiri i ras neonazisti Fabrizio Piscitelli, detto "Diabolik", e Daniele "Dede" Belardinelli, due capi tifoseria morti di delinquenza: il primo in un regolamento di conti tra bande criminali che si contendono il mercato della droga a Roma; il secondo in una battaglia tra hooligan che aveva pianificato la notte di Natale dopo aver scartato i regali con moglie e figli nella casa di Morazzone, nel varesotto.

Una tendenza pericolosa, quella allo scontro fisico. Che esce dal web e dalla palestra poco conosciuta dei videogame di ispirazione suprematista, dove ci si allena all'odio e all'eliminazione del "diverso". In questo tunnel dove la morte per gioco diventa morte reale hanno preso la rincorsa gli attentatori neonazisti di Christchurch e di Halle. Quanti altri soldati politici dormienti sono pronti a passare dal sonno all'azione? Quanti potenziali Luca Traini covano odio razziale e politico nell'Italia dell'"Orgoglio italiano" e del "Dio, patria e famiglia"?

L'educazione gentile di un fascista del terzo millennio

I cuori neri di questo tempo si forgiano nei circoli sportivi e nei corsi di addestramento in montagna. Tra rune e survivalismo li addestrano a combattere a mani nude e coi bastoni. L'individuo si forma, mette la sua identità a disposizione della nazione da proteggere: lo stato baluardo. La metà campo da gioco dei camerati torna a essere la strada, dove i saluti romani si accompagnano alle ronde e all'assistenza gratuita agli italiani dimenticati dalle istituzioni. "La palestra si trasferisce in strada e la strada si trasferisce in palestra." È lo spot dei maestri di uno dei tanti corsi preparatori.

I balilla e gli avanguardisti di oggi non portano più camicia nera e moschetto. Forse non sanno nemmeno che cosa erano. Vestono felpe griffate, indossano abbigliamento d'area con i sottosimboli del gruppo: il lupo di Lealtà Azione, il picchio Pivert dei militanti di CasaPound; animaletti stilizzati che diventano marchi di fabbrica. Il segno di appartenenza al branco politico. Un branco sempre meno adulto. Sono giovani i cassonettari istruiti da Forza nuova e CasaPound che nelle periferie fomentano le rivolte dei comitati di quartiere contro rom e profughi sfidando le forze dell'ordine ed esibendo saluti romani. Sono giovani i volontari "patrioti" che aiutano famiglie esclusivamente italiane offrendo buste della spesa, che le spalleggiano nel tentativo di farle rimanere dentro case occupate sottratte ai diritti legittimi degli "stranieri parassiti". Sono giovani i capilista dei collettivi fascisti che guadagnano consensi nelle scuole. E sono giovanissimi, bambini e adolescenti, gli iscritti alle colonie estive e ai campi scuola della "tradizione", dalle località balneari alle montagne. Sotto il fascismo si chiamavano "campi Dux", in onore del duce Mussolini. Erano raduni nazionali dei migliori balilla. Quelli che venivano selezionati nelle esercitazioni e si cimentavano nel "sabato fascista", il palcoscenico usato dal regime per esibire la meglio gioventù.

Anche se le iscrizioni all'Opera nazionale balilla non superarono mai il 50 per cento del totale dei giovani, la propaganda mussoliniana puntava a veicolarne un'immagine coerente in tutto e per tutto con la dottrina e lo stile del fascismo. "L'educazione fascista," sosteneva Mussolini, "è morale, fisica, sociale e militare: è rivolta a creare l'uomo armonicamente completo, cioè fascista come noi vogliamo." Per capire come funziona – certo in modo frammentato – la filiera che sforna i giovani militanti sovranisti, è utile ricordare che cosa fu l'Onb. Anzitutto, una macchina di propaganda. Un laboratorio di marketing di stato per la formazione e l'omologazione dei giovani sotto il fascismo. Lo scopo di quell'ente autonomo era infondere negli under 18 "il sentimento della disciplina e dell'educazione militare", renderli consapevoli della loro italianità e del loro ruolo di "fascisti del domani". Chi formava i giovani fondava l'azione pedagogica su un principio base: "l'assistenza e l'educazione fisica e morale della gioventù". Educazione spirituale, culturale e religiosa. Ma anche premilitare, ginnico-sportiva, professionale e tecnica.

Segnatevi queste parole. Le ritroverete lungo il nostro itinerario alla scoperta del mondo adolescenziale e postadolescenziale della fascisteria del terzo millennio. Un mondo complesso che presenta caratteristiche multiformi, codici diversi, volti ed espressioni da decifrare. Un mondo che oggi ha come punto di riferimento politico i vertici della Lega nazionalista, il partito del "Prima gli italiani". *fascismo meno estrem*

Viviamo in una democrazia che consideriamo più o meno salda. Imparagonabile, per fortuna, alle "democrature", quei sistemi che hanno un po' smesso di essere democrazia ma non sono ancora diventati dittatura. Esistono "democrature" in Europa e nel mondo: in Russia, in Ungheria, in Polonia, in Turchia, in Corea del Nord, in Brasile. C'è chi, in una recente stagione politica, ha colto segnali di "democratura" anche in Italia, e forse non erano abbagli. Fortunatamente il nostro stato, il contesto politico, sociale e culturale – anzitutto grazie al sacrificio dei partigiani e delle forze di liberazione che hanno sconfitto il nazifascismo – non sono quelli che videro nascere le strutture giovanili del regime di Mussolini. Ma il continuo riemergere di pulsioni fascistoidi, di slogan e parole d'ordine appartenenti al secolo scorso, il loro sdoganamento, il fatto che troppo spesso queste derive siano tollerate e banalizzate dalla politica e dalle istituzioni e considerate "normali" o comunque "accettate" nel dibattito pubblico, questo processo, settantacinque anni dopo la fine del fascismo, ha portato le formazioni di estrema destra a individuare un terreno favorevole per coltivare il ritorno di quella cosa che credevamo chiusa dentro i libri di storia. Nei ricordi di qualche nonno. Stampata sui manifesti ingialliti. L'educazione fascista.

Il terreno, i "neri" se lo sono preso gradualmente. L'hanno appaltato perché era un'area libera dove gettare fondamenta e costruire l'edificio della nuova destra: la casa dei "vinti" che rinascono. Il cantiere vede impegnate, sotto l'egida della Lega e di Fratelli d'Italia, strutture create apposta da Forza nuova, CasaPound, Lealtà Azione e altre sigle minori (Veneto fronte skinheads, Fortezza Europa, Comunità militante dei dodici raggi). È un'operazione finalizzata alla formazione di militanti in grado di infiltrare le scuole, le associazioni, il mondo dello sport, le piazze. E promuovere una svolta a destra. Forti delle sponde del partito di Salvini – con cui hanno siglato patti sotterranei –, i gruppi neofascisti sono al lavoro, da nord a sud, per mettere a sistema questa "gioventù che resiste" ("resistere", che scelta infelice come termine). Una gioventù avanguardista che si descrive in lotta per degli ideali, per tenere alto l'"Orgoglio italiano" (slogan della manifestazione della Lega il 19 ottobre 2019 in piazza San Giovanni a Roma). Ma che in realtà ha un volto oscuro: nostalgico, razzista, intollerante, omofobo, antifemminista, violento.

Nella narrazione dell'estrema destra ritornano analogie, non solo linguistiche, che riportano alla concezione del primo fascismo. In particolare riguardo la formazione dei giovani di quel tempo, il periodo che va dal 1926 fino al 1937, quando l'Onb confluì nella Gioventù italiana del littorio (Gil). "Gli uomini di domani" – stessa parola usata allora – sono i "fascisti di domani". Sono quei giovani che tra poco voteranno e che con la loro scelta alle urne potrebbero cambiare faccia alla nostra repubblica.

Ho deciso di raccontare questa nuova generazione di camerati entrando nel sistema di suggestioni che li assorbe. È un sistema chiuso, centralizzato, gerarchico. Dal laboratorio che li forma, una volta entrati, è difficile uscire. Ho provato a gettare luce sugli ambienti e le sottostrutture dei gruppi, i raduni, i patti sotterranei, le alleanze, le saldature, le divisioni, le modalità, i codici. È un mondo ancora poco conosciuto perché nascosto nelle pieghe del cosiddetto "deep fascism".

Come si educa un fascista del terzo millennio? Qual è la dottrina che gli viene impartita? Attraverso quali canali e meccanismi?

Per comprendere come si sta formando questo nuovo "fronte della gioventù" (dal nome dell'organizzazione giovanile del Movimento sociale italiano) sono partito dai fatti. Nel silenzio generale, lontano dai riflettori dei media, delle cronache, dell'agenda politica, tornano le colonie estive e i campi fascisti. Si organizzano adunate giovanili, escursioni e canti nostalgici. Ai ragazzi viene trasmesso il culto della forza fisica sul ring e i tatami delle arti marziali. Un misto di discipline e disciplina insegnato all'interno di un circuito fatto di centinaia di associazioni e palestre identitarie dove i modelli sono i gladiatori della boxe nera e delle Mma, le arti marziali miste dove si combatte nelle gabbie.

Ma l'educazione prevede anche un cambio di passo: quel fascismo gentile di cui dicevo. Che vorrebbe nascondere se stesso dietro una facciata di presentabilità. I fascisti gentili e il loro "inganno" – come dice Mateusz Mazzini, sociologo dell'Accademia polacca delle Scienze – crescono nei collettivi neri, nelle scuole, nelle associazioni, nel volontariato patriottico. A difesa degli italiani. Per presidiare il territorio e fermare la fantomatica sostituzione della razza che, nello storytelling dell'estrema destra, sarebbe l'obiettivo finale dei traditori della patria, coloro che non sono ostili all'immigrazione.

Prima sezione
L'ARTE DELLA LOTTA

1.
Pessano-Bangkok

Corpi sul ring

Michele non ha più fiato. Cerca di gestire l'ultima riserva di ossigeno. È una delle prime cose che gli hanno spiegato: andare in apnea, resistere. Nel muay thai il ring è come un mare tranquillo. Poi all'improvviso si increspa, monta sotto gli schiaffi del maestrale: stai a galla, anneghi, riemergi, ricominci a lottare. Il mare di Michele è questo tappeto quadrato nero che al centro ha la scritta LOTTATORI MILANO. Una scritta che come i numeri di un orologio stanco gira intorno all'immagine stampata in mezzo al quadrato: il muso di un cane bull terrier che stringe fra i denti i lacci di un paio di guantoni penzolanti. Da bordo ring si vedono nitide le chiazze di sudore cadute sul tappeto: disegnano delle specie di semilune.

Michele (nome di fantasia) ha tredici anni. È un fighter. È quello col caschetto rosso. L'italiano. La protezione gli comprime il volto all'altezza delle mascelle e gli fa sporgere le guance e la sua faccia, dentro quella calotta annodata davanti, assume un aspetto quasi buffo. Michele sembra più giovane della sua età: un bambolotto di carne che gioca alla guerra schierando il corpo allenato nei pomeriggi in palestra. Ma dai suoi pugni escono combinazioni inaspettatamente fulminee, potenti. Uno-due, uno-due. Pugni e calci in sequenza ravvicinata. L'estremità del ginocchio destro è l'ariete del corpo glabro di Michele: la punta di sfondamento. Tocca a lui adesso stare lassù, nell'arena dei bambini guerrieri.

Il respiro filtra dalla bocca come un sibilo fiacco nel pertugio lasciato dal paradenti. Sbatte addosso al fiato del suo avversario: stessa età, ma quaranta centimetri più alto. Jean-Philippe (nome di fantasia) è un francese di genitori algerini, figlio del meticciato. Uno spilungone agile e sottile, l'adolescenza che incurva la schiena, che esplode all'improvviso facendoti sembrare un giunco il cui funzionamento è regolato unicamente dalla flessione degli arti superiori. Il corpo di Jean-Philippe assomiglia alla corda di un arco. Sui fianchi scendono le braccia lunghe, non c'è un filo di grasso. Quelle braccia sproporzionate rispetto al busto le usa come fossero lame al servizio di un attrezzo da cucina. Dall'esterno verso l'interno. Michele schiva, para i colpi. Replica con il suo preferito: il kick. Nel muay thai il kick è il calcio. Prima lo porta basso per indebolire le gambe di Jean-Philippe, poi lo alza per colpire dritto al volto. Pum, pum. Il tonfo dei parapiedi imbottiti che impattano sul corpo dell'avversario scandisce la danza guerresca del ragazzino francese. Michele rincula e alza la guardia. Riparte a testuggine.

"Addosso! addosso!" lo caricano da bordo ring. Ad assistere a questo e agli altri incontri di muay thai – una dozzina – ci sono i neonazisti di Lealtà Azione. Gente di Milano e Monza, le due città lombarde dove LA ha aperto le prime sedi. Il più preso dal match è un tipo tatuato fin sotto il collo. "Dai Michele, trita!" grida al lottatore adolescente. Sono loro, la giornata è loro. Dei "lealisti". L'hanno organizzata da tre mesi e adesso se la godono. Sono tutti dell'associazione sportiva Wolf of the ring (Wtr, una branca di Lealtà

Azione specializzata negli sport da combattimento. Non gli importa oggi di fare brutto: non ci sono menti da impressionare, non ci sono telecamere né cronisti. Anche se l'evento – "Kids of the ring" – ha avuto un'eco da giorni, è finito sui giornali tra mille polemiche. A scatenarle è il patrocinio concesso all'iniziativa dalla Regione Lombardia, la massima istituzione politica della regione con il Pil più alto d'Italia. Il Pirellone marchia una manifestazione di beneficenza.

Ma che roba è? Calci e pugni per raccogliere fondi contro la pedofilia. Calci e pugni perché, come mi spiega Alessio Manzi, presidente e proprietario della Lottatori Milano, "i cuccioli di qualsiasi specie lottano per gioco, e i nostri cuccioli umani non sono molto diversi".

Anche i cuccioli combattono, è vero. E allora bisogna preparargli un terreno per lo scontro. E non bisogna stupirsi, mi spiegano, se intorno c'è gente che assiste, applaude, incita, soffre, esulta. Che si gode lo spettacolo. Mi vengono in mente immagini sproporzionate, lo so. Ma non riesco a cacciarle via. I combattimenti dei galli in Sudamerica. Le sfide tra cani in molti angoli del mondo. Quelle arene cinofile dove l'uomo fa il burattinaio e le bestie sono burattini insanguinati. Prima in Puglia, poi in Lombardia. Capisco benissimo che non c'entrano nulla, che questo è sport, che i ragazzini che salgono sul ring si allenano e si formano: sono atleti, mica bestie. Però sempre, quando ci sono di mezzo dei bambini, affiora l'inconscio e a volte non riesci a rispedirlo indietro. L'inconscio ha i suoi tempi, decide lui. Voglio capire.

17 marzo 2019. Il giorno dei giovani fighter. Palestra Lottatori Milano, Pessano con Bornago, novemila abitanti nell'hinterland milanese. Un puntino nell'alta pianura lombarda, in Martesana, al confine con la Brianza. Milano è a diciotto chilometri. Milano è la modernità. Milano parla la lingua del mondo e a volte la anticipa. Ma nei comuni che abbracciano Mi-

lano – i centotrentatré comuni della "Città Metropolitana", tre milioni di abitanti, terza area più popolata d'Europa dopo Londra e Parigi, una distesa di paesi spalmati su una piattaforma extraurbana di 1575 chilometri quadrati –, in quei bordi che dilatano le propaggini della metropoli il tempo fluisce con lentezza. Senza ansie da prestazione, sgravato dall'obbligo di stare al passo con l'Europa. Pessano con Bornago è uno dei tanti paesi di origine romana dove la storia l'hanno scritta i fiumi e le cascine. Un paesotto che non è mai finito su una cartolina, in un itinerario, nemmeno nelle cronache. Zero.

Oggi, tra sport e propaganda politica, si parla di Pessano. Il paese si accende di una luce cupa. Per guardarci dentro si prende posto nella palestra della società sportiva dilettantistica Lottatori Milano, al civico 16 di via Einaudi. Il meeting di arti marziali dovrebbe essere scandito solo dai dogmi severi del muay thai, l'"arte delle otto armi". La chiamano così perché consente ai due atleti di utilizzare combinazioni di pugni, calci, gomitate e ginocchiate, quindi otto parti del corpo, otto punti di contatto rispetto ai due del pugilato o ai quattro della kickboxing. Ma oltre all'arte delle otto armi a Pessano c'è anche un convitato di pietra: la politica. L'estrema destra che usa gli sport da combattimento per fare propaganda. Per affermare, attraverso una visione distorta delle arti marziali, l'immagine di una comunità unita dalla forza fisica, dove l'atleta diventa l'"uomo nuovo", l'uomo che si batte, l'italiano esemplare, l'alfiere delle identità, dei valori, dell'appartenenza, del rispetto.

In questa narrazione il palcoscenico di una palestra di periferia può diventare un luogo centrale. Lì va in scena, studiata nei dettagli, una manifestazione vestita con l'abito nobile della beneficenza. La retorica del darsi da fare per gli altri – prima e solo gli italiani – alla quale attingono le formazioni e i partiti dell'ultradestra per edulcorare e rendere convincente la propria proposta. E per fare proseliti. Dietro questo inganno, legati insieme dall'ideologia, albergano e trovano sfogo gli istinti più ancestrali dell'uomo: il duello, la lotta. Confronti fisici e sportivi che vedono sfidarsi corpi. Nel caso di "Kids of the ring" sono corpi non ancora formati. Corpi che si sovrappongono, s'intrecciano per azzerarsi l'un l'altro. Alla fine resta il più forte, quello che ha piegato l'avversario. I combattimenti dei cuccioli sono così. Li presentano con un'aura di solennità che mette il baby guerriero al centro della scena. Il bambino diventa prima ragazzo, poi uomo, e l'uomo si afferma perché lotta, impara a difendere e a difendersi.

"Gli sport da combattimento sono radicati in noi," mi dice il maestro Alessio Manzi. "Chi non ha mai fatto la lotta col papà, col fratellino o la sorellina, con l'amico? È la forma di confronto più pura, divertente, allenante che ci sia. Questi sport trasmettono valori: umiltà, rispetto delle regole, di se stessi e dell'avversario, lealtà, sacrificio, impegno, confronto, disciplina."

Tengo a mente i "valori". So perfettamente che ritorneranno. Sono parole che andranno a sovrapporsi come adesivi a quelle espressioni che la storia ha tramandato: i riferimenti lessicali che hanno caratterizzato la stagione meno democratica di questo paese. È sempre la storia, in fondo, che decide chi siamo. I concetti con cui argomenta Manzi rispondendo alle mie domande, e prendendo le distanze da ogni forma di politica, e prevedibilmente dall'estremismo di destra, assomigliano molto a quelli esaltati dal fascismo quando aveva il potere di dare forma alle istituzioni. Quando lo sport era un veicolo pubblicitario del regime e la base per la formazione dei giovani. Manzi normalizza. Fa il suo mestiere. Io ascolto.

La comunicazione dell'ultradestra punta sugli stilemi che hanno reso il fascismo un modello seducente agli occhi di milioni di italiani: forza, coraggio, arditismo, velocità, sacrificio. E disciplina, ovviamente.

Quell'ordine superiore da applicare rigidamente a ogni aspetto della vita. Anche all'estetica di un evento. Eccoli che riaffiorano, dunque, i valori degli sport da combattimento. Fatalità. Quei dogmi hanno un andamento carsico. In questa linea intermittente la serata solidaristica dei "cuccioli di lupo" che si azzannano sul ring trova un suo spazio. E non fa eccezione. "È una serata ordinata." Luca Gigliotti, responsabile di Wtr, lo aveva detto anche nel 2016 al primo appuntamento dell'associazione, in una palestra a Saronno. Lo ripete. Lo ripeterà anche a me quando gli chiederò di raccontare l'officina dei lottatori marchiata da una formazione di estrema destra (alla quale lui appartiene: è un militante di Lealtà Azione). C'è sempre questo mantra martellante dell'ordine e della disciplina. È una costante. È come un pannicello caldo che non si stacca mai dalla pelle sulla quale si formano impurità che qualcuno vorrebbe rimuovere: invece restano lì. Anche se la storia le ha già lavate via.

A Saronno si raccoglievano soldi per aiutare le donne vittime di violenza. È un classico, ormai: la copertura di un nobile pretesto nelle iniziative propagandistiche dei gruppi fascisti che seminano il campo del sociale. "Kids of the ring", invece, punta sull'infanzia violata. Mi spiegano: raccolta fondi per finanziare progetti di contrasto alla violenza e agli abusi sui minori. Chiunque sia a digiuno di questi temi, chi non conosce le galassie dell'ultradestra può pensare: be', che nobile causa. Quanto sono nel giusto questi ragazzi pieni di buona volontà che non buttano il loro tempo nelle risse e nei pestaggi (come hanno fatto i loro capi e capetti) ma aiutano chi ha bisogno. Avercene di giovani così. Ne nascessero di italiani virtuosi come questi, paladini della patria e pronti a correre incontro ai loro connazionali in difficoltà. In questo caso i militanti sono anche abili manager che allestiscono manifestazioni di carattere, diciamo, sociale. Stavolta abbiamo bambini che combattono per fare beneficenza per i bambini. Il ricavato di "Kids of the ring" va a Branca comunitaria solidarista (Bran.Co), la onlus di Lealtà Azione che si occupa di aiutare le famiglie italiane. Un modello di welfare di strada che attecchisce soprattutto nelle periferie e nei quartieri decentrati delle grandi città. Un modello che esclude categoricamente, esacerbando le divisioni, i nuclei familiari stranieri.

Il Kids-day ha luogo in un periodo particolare per la città di Pessano, dove il 9 marzo di ogni anno si ricorda l'uccisione di sette martiri partigiani avvenuta a opera delle truppe nazifasciste nel 1945. Un elemento in più che si somma alle proteste dell'Anpi e del Pd locale. Leggo sulla pagina Facebook dei dem: "Pessano con Bornago non può aprire le porte a chi ancora oggi commemora i repubblichini fascisti che uccisero, tra gli altri, anche i sette Martiri Partigiani!". Il caso arriva in aula al Senato e sui giornali. La vice capogruppo Pd in Senato, Simona Flavia Malpezzi, mette in luce le politiche discriminatorie di Lealtà Azione e di tutte le organizzazioni a essa collegate e si rivolge alla presidente del Senato Elisabetta Casellati chiedendole di "riflettere se sia il caso che la Regione possa scegliere in questo modo così palese di sostenere un avvenimento e un evento che risultano offensivi per una buona parte della città". Risultato: "Kids of the ring" si fa. Con il patrocinio della Regione. Come non detto.

A Pessano con Bornago va in scena la riedizione di un evento che Wtr e Bran.Co onlus avevano organizzato il 4 dicembre 2016 nella palestra Yamabushi Gym di Paderno Dugnano, sempre nel milanese. Si intitolava "Agoghè". L'*agoghé* (in greco "condotta", "conduzione") era una rigida disciplina di allenamento e obbedienza a cui era sottoposto ogni cittadino spartano a partire dai sette anni. Prevedeva una formazione durissima: separati dalla famiglia, i bambini venivano educati alla lealtà di gruppo, allenati alla guerra e la pratica militare; c'erano poi la caccia, la danza, l'educazione al vivere in società e all'attività civile. L'"Agoghè" ideata da Lealtà Azione attraverso le sue branche sportive e solidaristiche era stata presentata così: una "performance non agonistica di muay thai per bambini". Sottotitolo: "Giornata dedicata alla lotta alla pedofilia, con spazi informativi e l'intervento di esperti sul tema. Il ricavato," veniva specificato sulla locandina, "sarà interamente devoluto in beneficenza all'associazione Bran.Co per sostenere le loro iniziative di protezione e tutela dagli abusi e maltrattamenti sui minori". Sul manifesto di "Agoghè" compaiono quattro loghi: Wtr, Bran.Co, Acsi (Associazione centri sportivi italiani) e Fimt (Federazione italiana muay thai). Non c'era ancora quello della Regione Lombardia. Spunta per "Kids of the ring", tre anni dopo.

"Chi lotta può perdere. Chi non lotta, ha già perso." Sulla home page del sito di Lottatori Milano campeggia questa massima marziale (da molti peraltro attribuita a Che Guevara): è uno degli spot dell'arditismo della destra radicale. Per la palestra è un biglietto da visita. Quella dei Lottatori è una "scuola di combattimento". Sul portale è descritta così: "800mq di Open Space per la pratica a vari livelli di Sport da Combattimento e Allenamento Funzionale. Ring, Gabbia, Tatami, Kettlebell". Chi apre la pagina di benvenuto è incentivato da una presentazione suggestiva che va dritta al concetto: ti fa sentire un guerriero latente pronto a tirare fuori tutto il suo potenziale. "Salire tra le corde dei più prestigiosi ring nazionali e internazionali. Combattere in una Gabbia. Allenarti come i Campioni. Ma anche solo praticare Arti Marziali a livello amatoriale o per difesa personale. Qualunque sia il tuo concetto di Sport da Combattimento, Lottatori Milano è il tuo punto di riferimento." Gli allenamenti differenziati "per adulti e bambini, principianti, amatori o agonisti" sono garantiti dai migliori "Maestri". Maestri scritto con la M maiuscola perché il "Maestro" – come vedremo – nel muay thai è la figura più importante. Una figura a metà tra la guida atletica e un sacerdote laico. È colui che ti forma. Lo devi rispettare sempre. Lo devi ossequiare quando sali sul ring. A lui ti devi rivolgere per prendere energia, a lui ti devi riferire quando sei in difficoltà. Ogni vittoria gli deve essere dedicata. Perché senza il Maestro tu non saresti nessuno. Gli devi tutto, in sua assenza tu atleta non avresti avuto la placenta dentro la quale galleggiare e formarti: anche come uomo. "Addestrare atleti per formare uomini." È il motto dei lupi di Wolf of the ring. Ed è lo spirito che ha animato la performance del 17 marzo, la pedana identitaria di "Kids of the ring" allestita in partnership da Lottatori Milano, Wtr e Bran.Co onlus.

La paura appartiene alle prede

Michele e il suo avversario sono alle ultime battute. Incrociano i guantoni nel finale del round conclusivo. Affondano i colpi senza tirarsi indietro, si lavorano ai fianchi con calci, pugni e ginocchiate portati ora a bassa intensità. Adesso hanno le gambe pesanti: sono come due tronchi d'albero che sfregano l'uno contro l'altro per erodere le rispettive cortecce. È un lavoro paziente, di logorio. Esclusa per regolamento la possibilità del colpo del ko, alla fine prevarrà chi sarà riuscito a sfibrare l'avversario. Mi spiegano che anche se questi incontri fra atleti ancora imberbi dovrebbero rispettare più che altro una regola che si dà il muay thai in Italia – la corretta applicazione delle tecniche di combattimento: solo dopo i sedici anni è ammesso il contatto diretto, prima c'è esclusivamente il light contact, contatto leggero –, i cuccioli colpiscono in modo deciso. E più decisi e profondi sono i colpi che portano al corpo dell'avversario, più il pubblico in platea si scalda. Un crescendo di energia e di esaltazione dove chi guarda si galvanizza e si immedesima nell'atleta. E dove l'atleta, semplicemente, si nutre della forza che gli viene trasmessa dal sostegno degli spettatori.

È il banale funzionamento di ogni match in ogni arena del mondo: dai ring di strada a quelli più blasonati di strutture gremite di decine di migliaia di persone. I combattimenti diventano sempre riti collettivi. Tutti recitano una parte, anche il pubblico. Accanto all'aspetto atletico, ce n'è un altro, più plateale, che resta fuori dai manuali sportivi, dai libri che raccontano l'antica arte di quella che poi verrà più comunemente chiamata boxe thailandese. È un contorno fatto di facce e simboli, di rituali, di atmosfere. È come se ognuno con la propria presenza, da protagonista o da gregario, contribuisse alla costruzione di uno spettacolo. Una rappresentazione nient'affatto simulata che non è solo potenza fisica, tecnica e sudore: è anche teatro. Il canovaccio ruota intorno al perno della lotta ancestrale dell'uomo contro l'uomo. Uomo che diventa lupo. Una concezione perfettamente funzionale alla narrazione dell'estrema destra sempre a caccia di un nemico, di una preda. Recita un motto di CasaPound: "La paura appartiene alle prede". È questo che ti insegnano, è la dottrina del combattimento. "Non sempre chi picchia per primo picchia due volte, ma spesso è così," dice un vecchio adagio dei maestri di boxe.

Provare timore fisico non è ammesso. È una forma di fragilità che l'educazione fascista non contempla. Accanto alla forza da cui scaturisce la sottomissione, a volte brutale, nel mondo degli sport da contatto pieno c'è di tutto: è un ambiente misto, fatto di professionisti seri che dedicano la propria vita a questa disciplina e che hanno veramente a cuore la crescita dei ragazzi, ma anche di gente che insegue obiettivi diversi. Scommettitori senza scrupoli, talent scout spregiudicati, maestri desiderosi solo di alimentare il proprio mito sino a renderlo inscalfibile, o comunque a farlo durare il più possibile. Appassionati, altri atleti, genitori, amici. E, sempre di più negli ultimi anni, capi di formazioni politiche – per la maggior parte di estrema destra. Qui, nell'arena di "Kids of the ring", ci sono, come abbiamo visto, i militanti di Lealtà Azione, il gruppo a cui appartiene lo stesso Gigliotti, l'ideatore e il dominus dell'associazione sportiva dilettantistica Wolf of the ring. Trentotto anni, ha iniziato con le arti marziali a cinque anni: karate fino ai quindici, poi è passato al calcio e, a ventitré anni, è tornato sul tatami. Da allora, solo muay thai. Oggi, dopo aver smesso di combattere, è istruttore. Voglio andare subito al punto. Gli chiedo: "Se, come sostenete, questi eventi sono slegati da ogni ideologia e la politica non c'entra, perché presenziano sempre gli hammerskin di Lealtà Azione?". Risposta: "Normale che se organizzi un evento sportivo gli amici vengono. Noi non chiediamo la carta d'identità a nessuno. Chiunque può venire. Ognuno con le sue idee". È una forma di ambiguità e di ipocrisia nella quale mi imbatto spesso.

Nella rappresentazione plastica di questo spettacolo non può esserci finzione. Tutto è chiarissimo. Non sono le teste rasate che mi impressionano, nemmeno i tatuaggi. La parte più interessante, e più subdola, si nasconde nei passaggi precedenti e in quelli successivi. Prima e dopo queste manifestazioni. A cosa puntano i gruppi neofascisti che fanno salire sul ring atleti giovanissimi, bambini dai sei ai tredici anni? Cosa e quanto raccolgono? Quale altro pubblico avranno intercettato mandando a combattere allievi delle scuole elementari e adolescenti accompagnati dai genitori e che hanno posato per le foto davanti al simbolo "lealista" Wtr?

La politica non c'entra

Anche stasera il neofascismo si è radunato intorno a una riunione di muay thai. È uno degli sport più in voga (insieme alle Mma, le arti marziali miste) tra le file dei militanti: l'ultradestra usa gli sport individuali più duri come leva per traghettare atleti in erba verso un modo di declinare la vita, uno stile, un'ideologia. Un'impostazione da patrioti. Incardinata su valori che corrispondono a quelli propagandati dal regime fascista, che sull'iperbole della fisicità, del culto del corpo, sulla supremazia anche in campo sportivo costruì una parte importante della sua immagine. "Addestrare atleti per formare uomini." Il tredicenne Michele è, dovrebbe essere, un atleta addestrato. Michele si appresta a diventare ragazzo, poi uomo. Poi, magari, chissà, soldato politico. O forse no, ma che importa; qui il marketing sportivo-politico lavora anche a questo. Può funzionare subito o può restare un investimento con aspettative. Nel medio-lungo termine.

Quelli che fino a dieci minuti fa erano seduti sulle sedie intorno al ring adesso sono in piedi. La composizione del pubblico è specchio fedele di quella che contraddistingue i gruppi neofascisti e neonazisti: quasi tutti uomini. Solo qualche madre sparsa qua e là. Ma poche. È sempre stato così, è ancora così. Sono tutti in piedi adesso. Sembra un match vero. Anche con il light contact. Anche se Michele e Jean-Philippe non hanno ancora la cattiveria dei grandi. Anche se i maestri hanno messo la sordina ai loro colpi, li hanno attutiti, perché funziona così. Però l'effetto è garantito, e infatti il pubblico è preso. La rituale posizione verticale degli spettatori intorno al tappeto delimitato dalle corde è dovuta anche a un motivo logistico: gli atleti sono bambini e adolescenti. E siccome la pedana del ring, almeno nelle piccole strutture come le palestre, è sempre soprelevata rispetto alla linea di visuale del pubblico, quei corpi a volte sembrano sprofondare nel tappeto; a volte si inabissano dietro le corde che stanno intorno al ring. Per leggere la sfida e vedere i colpi portati dagli atleti bisogna alzarsi. C'è un gruppo di ragazzi arrivati da Fino Mornasco. Sono quelli della Mushin Asd, altra fucina di piccoli fighter. All'evento partecipano complessivamente venticinque atleti: tutti under 14. Arrivano dalla Lombardia, da Roma, da Lucca, ma anche dall'estero. Tre palestre di Parigi e un team olandese, coordinati dalla cabina di regia di Gigliotti, hanno mandato il meglio della loro gioventù. Sanno davvero chi sono gli organizzatori dell'evento, e a quale formazione politica fanno capo? E loro, le società che aderiscono, a quali enti o associazioni appartengono? Dice Gigliotti: "Quando un atleta o una squadra ci chiedono di partecipare a un evento non è che gli chiediamo per chi vota o come la pensa politicamente. La politica non c'entra. La teniamo fuori. Dopodiché ognuno ha le sue idee". Gigliotti è un tipo sveglio. Pare uno abituato a farsi rimbalzare addosso le domande. Offre all'interlocutore spiegazioni che lui ritiene ovviamente convincenti, ma saltella sull'ambiguità. Separa sport e politica pur sapendo che in questo e in altri casi è impossibile. È perfettamente consapevole che il suo ambiente, il terreno sportivo sul quale opera, è caratterizzato in modo netto, inequivocabile. Politica estrema. Nel dialogo come nello sport che ha praticato, il responsabile di Wtr sta lì, al centro del ring: schiva i colpi, prova ad anticipare. "Un conto è Wtr e un conto è Lealtà Azione," spiega. È un'acrobazia verbale, lui lo sa. Ovviamente voluta. Perché Wtr è la costola sportiva ufficiale di LA. Campeggia sul sito della formazione di estrema destra, ne è un ramo a tutti gli effetti. Sarebbe come scindere un club calcistico, la Juventus, o il Milan, da uno stage estivo organizzato dalla stessa società per cercare giovani da inserire nel vivaio.

"Di militanti di LA, in Wtr, ci siamo solo io e un

altro ragazzo," racconta Gigliotti. "Dopodiché, se un gruppo di ragazzi frequenta una palestra o un'associazione sportiva, è normale che magari condivida le stesse passioni, si ritrovi negli stessi luoghi, abbia idee simili." Smussa, l'ideatore e responsabile di Wtr. Omette, ma non mi stupisce. Sa benissimo che se LA è il grembo materno, Wtr è, insieme a un grappolo di altre associazioni, uno dei feti. Ecco perché nella notte dei guerrieri bambini di Pessano i "soldati politici" di Lealtà Azione sono lì tra il pubblico.

L'attenzione mediatica che si è creata intorno a "Kids of the ring" per i neofascisti è una sfida a non mancare. Esserci, "non si molla", come ripete da due anni in modo quasi ossessivo, nei comizi e nei post, Matteo Salvini. Non si abdica all'iniziativa. I "lealisti" che si ispirano ai generali nazisti Léon Degrelle e Cornelius Zelea Codreanu sono qui perché non arretrano di un millimetro di fronte alle polemiche. Sono qui per dare una risposta alla sinistra "antifascista", all'Anpi, e contro chi, come "la Repubblica", ha denunciato l'inopportunità del patrocinio concesso dalla Regione a una serata dove una formazione di ultradestra usa lo sport e i bambini per fare propaganda.

Sono qui perché sanno che la legittimazione sul campo dei gruppi neofascisti nasce anche così. Conoscono bene i meccanismi. Sanno che lo sdoganamento progressivo del fascismo 2.0 passa anche e soprattutto dal consenso dei giovani. E, come in questo caso, dal corridoio aperto dalle istituzioni. Che il caso sia finito in parlamento, con un'interrogazione presentata dal Pd, ai militanti di Lealtà Azione non può importare di meno. Ciò che gli interessa è il messaggio, la proposta, la sfida a occupare uno spazio anche mediatico. Veicolano la loro offerta sul territorio a Pessano, e prima ancora a Paderno Dugnano e a Saronno. Lo fanno attraverso lo sport: altro che sfere separate. Hanno convocato una nidiata di atleti bambini. "Bianchi, neri, cristiani, musulmani," dice Gigliotti per respingere l'etichetta di razzismo e di fascismo che LA invece sfoggia orgogliosamente. Come se Wtr non fosse espressione di una formazione identitaria che si batte con forza contro l'immigrazione, che rivendica idee e contenuti appartenuti a un passato storico fatto di odio, antisemitismo e morte. Che è il volto politico del violento circuito hammerskin (nato da una costola del Ku Klux Klan nella seconda metà degli anni ottanta negli Usa). Che ha nel suo pantheon colonnelli nazisti e collaborazionisti i cui testi, come vedremo, sono alla base della preparazione culturale dei militanti.

La versione di Gigliotti è questa: "Noi organizziamo eventi con chiunque sia interessato a fare cose di elevata qualità sportiva. Wtr nasce nel 2015. Da allora abbiamo allestito dieci eventi, di cui quattro professionistici con 'galà' serali, e quindi atleti che combattono senza protezioni. E sei-sette dilettantistici, tra cui 'Kids of the ring'. Categoria junior, atleti di età inferiore ai quattordici anni. Che combattono con le protezioni e che fanno contatto leggero. Ecco, non è che i genitori di questi ragazzi che arrivano ai nostri eventi da altre città italiane o europee decidono di non partecipare perché noi siamo legati a Lealtà Azione". Già, infatti. Magari partecipano proprio per quello. O forse non ne sanno nulla e lo scoprono dopo, e non gli cambia niente. "Ognuno ha il suo modo di pensare. Noi per gli eventi ci appoggiamo a palestre amiche. Come Lottatori Milano, o altre. Del nostro giro fanno parte cinquanta-sessanta palestre. Vuol dire che accettano di organizzare eventi con noi. E non vuol dire che sono tutti covi fascisti. L'organizzazione ci costa in media millecinquecento euro a meeting, io cerco degli sponsor, al pubblico chiediamo un'offerta libera."

Palestre amiche. Che cosa significa "amiche" per un'associazione sportiva che fa parte del network – in espansione – di una formazione di ispirazione neonazista, attivamente impegnata in politica e che due anni fa, alle elezioni del 4 marzo 2018, ha appoggiato la Lega facendo eleggere dei propri esponenti nelle fila del partito di Matteo Salvini? Chi sono gli "amici" che ospitano un'associazione sportiva emanazione di un movimento i cui capi – ex militanti hammerskin, prima di fondare LA – sono stati condannati per aggressioni e accoltellamenti "politici"? Gente che è andata alla sbarra per tentato omicidio e lesioni gravi?

Forse non tutte le palestre amiche sosterranno le idee e i valori di Wtr. Ma di certo non ne prendono le distanze.

Gigliotti & Co. spiegano che "un buon lavoro in palestra dovrebbe andare al di là di fascette e guantoni". La teoria è ad alto contenuto marziale: "Il lavoro in palestra dovrebbe formare uomini corretti e leali, che conoscendo il sacrificio sappiano rinunciare a commettere del male, che sapendo obbedire al Maestro pratichino l'umiltà e fuggano la superbia, che sapendo accettare la sconfitta sul ring imparino da ogni ko della vita". Calci e pugni come un modello esistenziale, insomma. Un'alternativa guerriera alla vita disumanizzante e priva di valori di oggi. "In questo cupo scenario," affermano quelli di Wtr, "si fa forte l'idea secondo la quale lo sport da combattimento e le arti marziali possano fornire le chiavi per condurre una lotta interiore finalizzata alla rivoluzione del proprio essere, al distacco dalla materialità e dalle illusioni del mondo. L'allievo, oltre a vivere l'esperienza di obbedienza al Maestro, si trova a condividere la difficoltà della prova e la gioia della realizzazione con gli allievi della stessa scuola, con i quali instaura un rapporto di cameratismo, nel senso più puro del termine, svincolato da sterili pregiudizi politici."

La parola "svincolato" suona paradossale. Se così fosse, Wtr sarebbe una realtà autonoma e non comparirebbe ufficialmente – come una scatola cinese – nella galassia di Lealtà Azione. Ogni parte dell'attività dei "lupi" del ring è improntata all'idea che caratterizza anche il militante. Il suo attivismo. Sul quadrato come sulla strada. "L'allenamento è un lavoro personale e di gruppo. Il lavoro di gruppo e per il gruppo sviluppa il senso del sacrificio per la comunità, per la squadra. Ogni allenamento rappresenta una parte della vita del combattente e, come tale, è soggetto a momenti di crisi, di indecisione e di ozio; è in questi momenti che entra in gioco il concetto vero di fratellanza: gli appartenenti a una stessa squadra combattono la stessa battaglia, e in nome di questa, come da fratelli, si danno forza a vicenda nel momento dello sconforto e della prova. In questo rapporto fraterno vi è amore, dono, sacrificio e umiltà, doti che fanno dell'uomo un guerriero."

Da lì si parte e lì si torna. L'uomo guerriero. L'uomo che lotta per sé e per i suoi simili, quelli che appartengono al suo branco.

Lottatori Milano è stata fondata nel 2013 dal presidente Alessio Manzi con i maestri Diego Voltolin e Fabio Tumazzo. Sul sito della palestra, dietro il logo del pitbull che tiene fra i denti due guantoni da boxe, si parla di una "società sportiva dilettantistica" che ha come scopo la "diffusione della cultura e della pratica degli sport da combattimento e dell'allenamento funzionale necessario per la preparazione degli atleti dediti a queste discipline".

Chiedo spiegazioni a Manzi. Voglio capire qual è la connessione tra lo sport, un certo tipo di cultura e la propaganda politica. Il giro della Lottatori, mi racconta Manzi, "comprende quattrocento atleti. Mettiamo loro a disposizione diciannove istruttori". L'arte della lotta e del combattimento, spiega, si apprende presto. "Da noi arrivano bambini a partire dai sei anni. Quella dei bimbi è una realtà in cui crediamo molto, siamo pionieri nel settore e i risultati internazionali del maestro Voltolin, oggi direttore della nazionale italiana Fikbms, ne sono testimonianza. I nostri ragazzi sono andati in Thailandia a vincere i mondiali di muay thai; per fare un parallelo, è come se il nostro minibasket andasse negli Usa a battersi nell'Nba, o se i nostri piccoli rugbisti volassero in Nuova Zelanda a sfidare gli All Blacks. È una cosa grande, sono piccoli grandi atleti che meritano tutta la nostra dedizione e tutta la vostra attenzione. Hanno disputato e vinto il mondiale kids in Turchia, con il sostegno delle loro famiglie, che non ringrazieremo mai abbastanza per la fiducia incondizionata che ci regalano, e degli sponsor che hanno voluto e vorranno aiutarci."

Sono belle parole. Descrivono una passione, gli sforzi e i sacrifici che si fanno per tenerla viva e farla crescere nei ragazzi. Il presidente della Lottatori Milano insiste su questo concetto, per lui centrale: lo sport da combattimento come stile di vita. Di più: come educazione alla vita.

Combattere e obbedire. Forza e disciplina. Domando a Manzi perché i genitori mandano i loro figli alla Lottatori Milano. Mi risponde così: "Faccio un esempio stupido: perché un genitore manda suo figlio a nuoto? Perché saper nuotare serve e ti può salvare la vita, o permetterti di salvare quella altrui. Allo stesso modo saper combattere, saper difendere e sapersi difendere, non dovrebbe essere ritenuto essenziale? Ogni uomo dovrebbe saper correre, nuotare e combattere. In altre nazioni la lotta è insegnata a scuola, se ne è pienamente capito il potenziale formativo, educativo, sociale. Noi siamo terribilmente indietro in questo. Abbiamo provato a interfacciarci con le scuole con discreto successo in alcuni casi, rifiutati a priori in altri casi da presidi poco lungimiranti. Teniamo duro e andiamo avanti".

Il muay thai, la Thailandia, l'Italia, le palestre amiche, l'asse con l'estrema destra. Perché proprio il muay thai? Come mai i lupi di Lealtà Azione per fare proseliti fra i giovani usano l'appiglio di questa antichissima tecnica di lotta thailandese che un tempo apparteneva ai re?

2.
I valori del guerriero

Muay thai: il mito delle origini

Ogni storia ha un incipit. E quasi sempre l'incipit è la chiave della storia. Il muay thai in origine si praticava con delle corde arrotolate intorno alle mani. Strisce di cuoio o crini di cavallo intrecciati. Per trasformare le mani in armi micidiali in alcuni casi quelle fasciature rudimentali venivano impregnate con un miscuglio di resine e frammenti di vetro. Nei villaggi poveri intorno a Bangkok i combattimenti erano una fonte di sopravvivenza. Si racimolava qualche soldo grazie alle sfide sui ring che venivano allestiti ovunque. I lottatori erano "nudi", esposti a ogni colpo, senza alcun tipo di barriera. L'unica protezione ammessa nelle sfide era una conchiglia fissata all'inguine con della stoffa. Roba primordiale. Un accorgimento minimo, quasi inesistente se si pensa che all'epoca i confronti tra fighter erano durissimi: paragonabili più a scontri tra gladiatori che a competizioni sportive. Nessuna regola. Violenza allo stato quasi puro. Non erano contemplate restrizioni per il semplice fatto che non esisteva una cultura sportiva e ogni limite veniva interpretato come uno stravolgimento del carattere guerresco della disciplina. Più cruenti erano gli incontri, più il pubblico si divertiva. Era questo l'aspetto che rendeva il muay thai una pratica unica nel suo genere. Non esistevano filtri e controlli nemmeno nella selezione dei lottatori da mandare sui ring. Ne sorgevano in ogni città. Come se facessero parte dell'arredo urbano. Come se la lotta fosse una specie di condizione dell'anima di ogni individuo. Nella sua prima fase il muay thai non prevedeva categorie di peso o limiti di tempo. Il combattimento durava fino alla sottomissione di uno dei contendenti. Il tempo dei round veniva preso facendo galleggiare un pezzo di guscio di noce di cocco nell'acqua: quando la noce di cocco affondava, un tamburo segnava la fine dell'incontro. Era l'anno zero. Il bello doveva ancora venire. E sarebbe venuto presto.

Proprio perché era una pratica molto dura, ed estremamente popolare, il muay thai all'epoca attirò la curiosità dei re. Alcuni iniziarono a esercitarla. Dal basso all'alto, dalle strade ai palazzi dorati dei regnanti: non importava che il sangue fosse rosso o blu. Ogni distinzione di ceto cessava quando si trattava di salire su un tappeto e sfidarsi. È sotto il regno di Phra Chao Sua (1703-1709), soprannominato "Re Tigre" proprio per la sua abilità di combattente di thai boxe, che il muay raggiunse l'apice della popolarità. Era talmente appassionato a quella che poi verrà comunemente definita "boxe thailandese" che, si narra, a sorpresa e in incognito il re visitava villaggi e città per poter sfidare i campioni locali. Dopo averli battuti e aver intascato il premio in palio, se ne andava senza rivelare la sua identità. Come un fantasma. Un Joker ante litteram che si confondeva tra il popolo. Per sondare gli umori, la rabbia, la voglia di crescere, la necessità di sopravvivere.

Per queste antiche e nobili tradizioni la thai boxe venne chiamata lo "sport dei re". Gli imperatori se ne servivano per fare presa sul popolo. Potevano i pugni e i calci non trasformarsi in un formidabile veicolo di propaganda? "Re Tigre" comprese più dei suoi predecessori che questa forma di combattimento stava diventando il miglior modo per tenere in mano la sua gente e per educare le giovani generazioni: ogni cittadino era addestrato a combattere, a battersi. Per onore e per soldi. In più, vedendo che lo stesso re si dedicava per molte ore della giornata alla pratica del muay, il cittadino non poteva che riconoscersi in quelle sfide sul ring. E nella mentalità che stava alla base della disciplina.

Fino al 1923 in Thailandia l'insegnamento del muay thai era obbligatorio in tutte le scuole del regno: faceva parte del curriculum scolastico. Ogni studente doveva imparare a combattere; veniva giudicato anche in base alle tecniche, alla forza, agli allenamenti. Poi, causa l'alta percentuale di lesioni e ferite da combattimento, venne eliminato. I regnanti e gli amministratori iniziarono ad avere consapevolezza del fatto che, se non disciplinato, il muay thai aveva conseguenze troppo pesanti. La svolta avvenne nel 1930. Da tecnica di combattimento la "boxe thailandese" si trasformò in uno sport. Uno sport caratterizzato da aspetti esotici e misteriosi ancora intatti. Che si tramandano e hanno fatto breccia da molti anni anche in Europa.

Mentre l'Italia è sotto il regime fascista di Benito Mussolini, in Thailandia si decide di regolamentare il muay thai. Risultato: l'introduzione di nuove regole mutuate dalla boxe inglese riduce notevolmente gli incidenti e favorisce la diffusione di questa disciplina anche fuori dai confini nazionali. L'uso dei guantoni, anzitutto. Le categorie di peso, i round, i tempi. Quel che non è mai cambiato è l'età media a cui si inizia a salire sul ring: sei-sette anni. Prestissimo. In Thailandia i bambini vengono addestrati a combattere fin da giovanissimi perché il muay thai è lo sport nazionale, di tutti. A undici-dodici anni i fighter disputano incontri ufficiali. Ci sono atleti che a vent'anni hanno già collezionato centinaia di combattimenti. Il sogno di ogni bambino guerriero è quello di salire sui ring più prestigiosi di Bangkok, i due stadi del muay thai: il Lumpinee Stadium, gestito dalla polizia, e il Rajadamnern Stadium, in mano all'esercito.*

In Thailandia sono centinaia di migliaia i bambini e le bambine che gareggiano negli incontri di muay thai per aggiudicarsi premi in denaro. I genitori mandano i figli nei campi d'allenamento fin da piccoli: li avviano allo sport nazionale perché è anche da lì, anzi, soprattutto da lì, che passa la sopravvivenza della famiglia. Non solo: specialmente nelle zone rurali, pensano che combattendo, allenandosi, crescendo sotto la ferrea disciplina dell'arte marziale usata cinquecento anni fa dal popolo thai per difendersi dalle invasioni, i figli adolescenti staranno lontani dai guai, dalle droghe e dalla delinquenza. Ci si affida al muay thai come a un talismano. Anche in questo caso. Gli si attribuisce un'azione benefica e protettrice.

Ora torniamo in Italia. Riprendiamo quel filo sottile che ci porta nel mondo degli sport infiltrati dall'estrema destra. In particolare le arti marziali e le discipline da ring. Lasciamo i collegi thailandesi, il caporalato dei pugni, i re che portano soprannomi belluini per immergerci di nuovo nella realtà, così diversa, del nostro paese. A partire proprio dalla declinazione italiana del muay thai. L'arte che insegna ai giovani identità, valori, rispetto e appartenenza.

Infiltrazione

Qual è il momento in cui finisce l'atleta e inizia il guerriero? Dov'è il punto di raccordo, o la linea di scivolamento? Il proselitismo liquido del neofascismo

---

* *I lottatori bambini della Thailandia*, in "Il Post", 30 dicembre 2018.

punta sullo sport perché lo sport è gioventù, è educazione, è veicolo sociale. È contatto col territorio. E soprattutto, in questo caso, è propaganda. Combattere in una gabbia metallica, come nelle Mma, arti marziali miste. Tirare pugni in una palestra popolare. Indossare la maglia di una squadra di calcio o di rugby a forte impronta identitaria. Lanciarsi col paracadute o andare in motocicletta sotto l'effige di un gruppo che si riconosce nell'aquila del Ventennio. È il filo nero che lega nazionalismo e passione sportiva. L'ultradestra tesse questo filo dentro una trama fitta dove confluiscono decine di sigle e sottosigle, associazioni, centri di aggregazione, società sportive. E in questa galassia – che assomiglia tanto a un modello parastatale centralizzato dove ogni sigla ha una sua mission, i suoi simboli, i suoi codici – il giovane militante ha la possibilità di vivere le sue passioni in un'unica realtà, senza andare altrove. Vale per lo sport come per la musica, l'escursionismo o l'impegno sociale. È una forma di militanza totalizzante. Se il movimento – CasaPound, Forza nuova, Lealtà Azione – ti offre la possibilità di praticare la boxe, le arti marziali, il calcio o il rugby all'interno del suo circuito, e quasi sempre a prezzi popolari, perché dovresti andare a bussare a casa d'altri, o cercare altro? Questa è la prima chiave d'accesso: la permanenza nel branco. Così si evita la fuga dei militanti, la dispersione delle forze. Poi, a mano a mano che si entra nel gruppo, si aggiungono modalità nuove e nuove chiavi, sempre più connotate politicamente.

Per i gruppi neri lo sport è una scuola di militanza. Nella palestra o sul campo non si insegnano solo tecniche e regole. Si trasmettono i concetti e gli ideali di un mondo che trae spunto dalla tradizione fascista: l'onore, la lealtà, la gerarchia, il senso di appartenenza, la marzialità, il rispetto, la devozione al capo. Il cameratismo. Spendersi e battersi per la propria comunità. Per la patria. In poche parole: l'uomo-guerriero. Un canovaccio che pesca a piene mani nella storia del Ventennio, che si rifà a una mitologia che resiste e a cui basta solo essere reinnescata.

Durante il fascismo l'educazione e la pratica sportiva hanno avuto un ruolo fondamentale: l'uomo fascista doveva essere virile, tutto d'un pezzo, pronto al sacrificio e alla lotta. Questa immagine maschile rappresentava alla perfezione gli ideali mussoliniani: la potenza e l'identità nazionale. L'esaltazione della "razza italica". I dirigenti del Pnf trasmettevano alla popolazione l'idea che stava alla base del regime: i cittadini che eccellevano negli sport dovevano diventare eroi; gente normale era chiamata a elevarsi con un atto di coraggio e servire la patria mettendo a disposizione il talento, il sudore, il sacrificio degli allenamenti. I primi destinatari di questo messaggio, chiaramente, erano i giovani: più dimostravi attitudine, più ti affermavi in una disciplina sportiva, più corrispondevi al modello ideale di italiano. Ginnastica, atletica leggera, scherma, tiro a segno. E pugilato.

La narrazione del Ventennio poggiava sui successi e l'immagine degli atleti affermati. Uno su tutti: Primo Carnera, il pugile friulano campione di pesi massimi nel 1933. Il "campione della razza" per eccellenza. Osannato, adorato, imitato. Benito Mussolini lo impalmò pubblicamente come orgoglio italico, esempio virtuosissimo di cittadino che diventava alfiere del fascismo e dei valori che il fascismo incarnava. È anche e soprattutto con la storia di Carnera che il regime, per magnificare la potenza del fascismo e suscitare emozione, coinvolgimento, immedesimazione nel popolo, scelse la "nobile arte" del pugilato come sport di riferimento. Mussolini strumentalizzava il ring per perseguire il suo obiettivo: trasformare i cittadini in soldati. Gli uomini dovevano declinare il loro senso di appartenenza alla patria sentendosi come militari in servizio permanente. Pronti al sacrificio, alla difesa della nazione. Al servizio del regime e della retorica che lo alimentava. Tutto ciò che era funzionale a questo obiettivo andava bene. E dunque gli sport: quelli che potevano essere usati per l'addestramento militare erano benedetti dai vertici del Pnf. Dovevano essere diffusi, incentivati. Pugilato, lotta greco-romana, rugby: sport da contatto, e quindi perfetti, propedeutici al piano della militarizzazione degli italiani. I match e le partite fungevano da prove per la battaglia.

L'uso politico degli sport da combattimento è ancora oggi un fenomeno enorme, anche se in gran parte sotterraneo. Per capire quanta influenza possono esercitare sui giovani certe discipline nelle quali il sudore e il coraggio sono trasmessi come valori di una cultura identitaria, bisogna andare a Monza e incontrare Donato Milano. Il presidente della Federazione italiana kickboxing, muay thai, savate e shoot boxe è conosciuto anche come il "signore dei calci e dei pugni" e i suoi modi sono gentili. Il suo incarico "copre" il Quadriennio olimpico 2017-2020. È un uomo delle istituzioni.

Esordisce così: "Le manifestazioni, le associazioni, i circoli dove si fa propaganda politica sono il cancro del nostro sport". Parla di sport al singolare perché gli chiedo, specificatamente, del muay thai. Certamente c'è una larga, larghissima fetta di atleti e professionisti che nulla hanno a che fare con una certa concezione dello sport e con i dogmi dell'estrema destra, perciò penso che il modo migliore per fare chiarezza e distinguere sia rivolgersi ai vertici federali.

"Per capire di cosa stiamo parlando bisogna fare una prima distinzione sul nostro sistema," spiega Milano. "Immaginate due piani, o due livelli. Il primo livello è quello della Federazione. Settecento società sportive e ventisettemila tesserati. Questi sono i numeri ufficiali. Poi c'è il secondo livello: quello degli 'enti di promozione sportiva'. Sono quindici." Gli "enti" sono elencati sul sito del Coni. Donato Milano dice che questi enti "comprendono le associazioni di secondo livello. Che sono concorrenziali alla Federazione". In pratica, spiega, "associandosi a un ente di promozione queste associazioni si dissociano dalla Federazione". Lui la chiama concorrenza sleale, parla di "diplomifici". Ma non è questo il punto. O meglio: non è questo il punto che ci interessa nella nostra esplorazione dello sport tinto di nero. Però da qui, dagli enti di promozione sportiva, si apre la zona "grigia", dove si annida quello che Milano chiama il "sommerso".

Negli sport di gabbia, come si definiscono in modo brutale, ce n'è moltissimo. Quanto? "Tenendo conto di tutti i livelli e della concorrenza, appunto, sleale, si arriva a duecentomila atleti." In pratica, in Italia centosettantatremila "guerrieri" combattono fuori dal circuito della Federazione. Circuito che fa o dovrebbe fare da argine, almeno si presume, alle derive della propaganda e dell'estremismo politico. "Ogni volta che qualcuno, nelle nostre settecento società sportive, ha manifestato o cercato di diffondere idee estremiste, lo abbiamo immediatamente buttato fuori," mi garantisce Milano. Già. Lui parla di quello che accade dentro il circuito federale. E fuori? "Fuori purtroppo questo fenomeno c'è, inutile far finta di niente. Si usa il momento di aggregazione sportiva per veicolare messaggi politici. Una strumentalizzazione che noi cerchiamo di contrastare in ogni modo. Ma ci sono associazioni che puntano molto su quello. Sono società sportive dove ai ragazzi vengono inculcati certi valori e ideali. Che nulla hanno e dovrebbero avere a che fare con le nostre discipline." Le palestre identitarie aderiscono agli enti di promozione sportiva. Enti la cui permeabilità diventa per i gruppi di estrema destra un'occasione da sfruttare.

Non è scatenando una caccia alle streghe che si comprendono i meccanismi del fenomeno. Ma nemmeno restare nel vago aiuta. "Più si va nell'agonismo estremo e più il ring, il tatami o la gabbia vira al nero," continua Milano. Nero come colore politico. Gli chiedo che cosa sa dell'attività di Wtr, la branca sportiva dei neonazisti di Lealtà Azione. Taglia corto: "Diciamo che i loro valori non sono i miei...". L'evento dei bambini guerrieri del 17 marzo 2019 a Pessano con Bornago, Donato Milano se lo ricorda. Ne ha letto sui giornali e, ovviamente, se n'è parlato anche in Federazione muay thai kickboxing. Ma c'è un'altra data che mi interessa ricordare: il 13 aprile 2019. In Lombardia si svolge un evento sempre organizzato da Wtr. E sempre chiamato "Kids of the ring". Come quello del 17 marzo. Un particolare: l'evento del 13 aprile è riportato anche nel calendario ufficiale della Federazione. Sotto la voce "Collegiale azzurrabili".

Ma come, la Federazione non dovrebbe fare, come si diceva, da diga alle infiltrazioni politiche? Perché la "riunione" di muay thai dei bambini di Wtr finisce sul sito della Federazione? Lo chiedo a Milano. "In quell'occasione ci sono stati alcuni nostri ragazzi che si sono allenati. Hanno sostenuto una prova tecnica. Per questo si chiama collegiale azzurrabili. Sono ragazzi che gravitano nel nostro giro ufficiale. Quel giorno si sono allenati nell'ambito di questo evento." Credo di avere capito. Interpreto così le parole di Milano: è inimmaginabile pensare che in un ambiente talmente permeato da influssi esterni non capitino incroci scivolosi. Anche involontari. Da qualunque angolatura si voglia osservare questa tendenza a strumentalizzare lo sport a fini politici, una cosa è certa: il confine è labile e le distanze tra associazioni, enti e Federazione non appaiono così siderali.

Prima di lasciare Donato Milano e proseguire il viaggio sui ring e negli spogliatoi dei saluti romani e del revisionismo, lo intervisto sul tema giovani e giovanissimi. I cuccioli, come li chiama Alessio Manzi della Lottatori Milano. Sto ai numeri snocciolati dal presidente della Federazione muay thai kickboxing.

Riprendiamo la stima dei duecentomila atleti (il bacino d'utenza italiano tenuto conto del sommerso). Milano dice che più della metà di questi atleti sono under 18. E dunque: oltre centomila fighter italiani sono sotto la maggiore età. Sarebbe impossibile, anzi fantascientifico, spacchettarli e arrivare a ipotizzare quanti di questi atleti e praticanti di muay thai, kick e savate siano effettivamente potenziale materia plasmabile per i fascisti del terzo millennio che aggrediscono e usano gli spazi dello sport. Interessante, però, è il percorso.

"Il primo tesseramento scatta al sesto anno di età. Dopodiché, ovviamente, l'agonismo ha dei limiti legati proprio all'anagrafe. Gli incontri a contatto pieno iniziano a sedici anni. Prima, l'atleta è tutelato, usa protezioni; i più piccoli coprono mani, braccia, gambe dalle ginocchia in giù, la testa e pure il petto. Per attutire i colpi. Noi teniamo moltissimo ad applicare rigorosamente le regole. Chi non lo fa mette a rischio l'atleta, se stesso e la struttura – società o associazione – nella quale opera. I nostri sport sono in continua crescita. Non credo sia un discorso di mode. Credo che le discipline che insegniamo abbiano un impatto positivo e formativo per il carattere dei ragazzi. E ciò che sto dicendo esula completamente dal discorso della penetrazione di questo o quel gruppo politico."

Le dichiarazioni e le rassicurazioni di chi ha incarichi e ruoli dirigenziali mi hanno sempre fatto lo stesso effetto. Sin da quando, a diciassette anni, ho iniziato a fare il cronista e ho cominciato a raccoglierle e ad appuntarle sul taccuino. Da allora una cosa mi è sempre parsa chiarissima: a prescindere dal settore – politica, economia, pubblica amministrazione, istruzione, tutela dei diritti, sport –, chi ha responsabilità rappresentative – diciamo istituzionali – ha il dovere di manifestare con le proprie dichiarazioni tutto l'impegno – effettivo o meno – dell'ente di cui è portavoce. Comunque stiano i fatti, ti metti al riparo.

Circoscrivi un fenomeno e le sue insidie. Magari lo confermi. Ma allo stesso tempo lo tieni lontano da te. Mi rendo conto che il tema, in questo caso, può diventare particolarmente scivoloso. Si parla di minorenni e di estremismo politico. Il tutto nell'ambito dello sport, un'abitudine fondamentale per chi sta crescendo. Ma se ci siamo fermati su ring e tatami, è perché è in quest'area, soprattutto, che si annida quello che Milano ha definito un "cancro". Una patologia talmente invasiva da innervare con le sue metastasi anche realtà che si ritengono immuni.

Due palle

Perché sempre più genitori – stando a quanto affermano i maestri e i responsabili della Federazione degli sport da combattimento – mandano i figli a imparare discipline come la boxe, il muay thai, la kickboxing? Me lo spiega, con prosa apologetica, Alessio Manzi, il titolare della Lottatori Milano, partner di Wtr: "L'uomo è stato capace di fare di queste discipline un'arte, codificando delle tecniche trasmesse da maestro ad allievo di generazione in generazione. Da semplici sport sono diventate arte, cultura e tradizione. Alla base del trend in crescita ci sono i valori che questi sport trasmettono. Umiltà, rispetto delle regole, di se stessi e dell'avversario, lealtà, sacrificio, impegno, confronto, disciplina. In quali altri sport," si chiede Manzi, "le regole ricevono l'ossequio che ottengono su di un ring o su di un tatami? In quali altri sport gli avversari, indipendentemente dal risultato, si abbracciano sinceri dopo una vera e propria guerra? In quali altri sport l'atleta si allena cinque-sei volte la settimana, anche due volte al giorno, per affrontare un incontro di pochi minuti, in cui si mette a confronto in una gabbia con altri atleti di altre discipline, altre scuole, altre nazioni?". Per un attimo sospendo il giudizio. "Gli sport da combattimento," continua il maestro Manzi, "sono un mondo a parte. Il ragazzino diventa uomo, impara a conoscere se stesso, gli altri, e se stesso in rapporto agli altri; impara il valore dello studio e della disciplina, sviluppa armonicamente fisico e carattere; impara a controllare le proprie azioni e a collegarle alle conseguenze che queste possono generare." La rappresentazione del muay thai offerta da chi lo insegna accettando di condividere il ring con associazioni sportive di gruppi neofascisti si ispira alle radici thailandesi della disciplina: al suo mito delle origini e alle figure del re, del popolo e del sacrificio. "Le arti marziali sono un mondo antico, vere e proprie arti appunto, con tradizioni, cultura e riti millenari, in cui l'uomo allena la forza del suo fisico e la forza del suo animo, la sua concentrazione, la sua risolutezza. Ribadisco, il termine sport è davvero riduttivo." La pensa così anche Luca Gigliotti, il deus ex machina di Wtr. Con Manzi sono perfettamente in linea. "Prima di arrivare al combattimento c'è tutto un percorso di allenamento e di formazione. Insegniamo ai nostri ragazzi a fare squadra, a fare comunità." Accanto alla "tradizione", come la chiama Manzi, c'è poi un aspetto strettamente legato alla modernità e alla potenza dei mezzi di comunicazione. "Il boom degli sport da combattimento si spiega anche con il maggior spazio concesso dai media alle grandi promotion internazionali (Ufc, One Championship, Glory eccetera) e alla diffusione di contenuti tramite Internet che ha permesso di fruirne anche laddove le tv facevano da muro, maggiormente interessate ai denari del calcio."

Dovrei dunque dedurre che se un ragazzo si avvicina ai combattimenti, magari incentivato dalla costola sportiva di un gruppo neofascista, è anche perché sul suo smartphone piovono spot e video dei guerrieri delle gabbie. Ma come scatta la voglia di mettersi a fare a cazzotti e tirare calci e gomitate sul quadrato, con o senza gabbia? Manzi mi dice che i giovani che arrivano alla Lottatori Milano "desiderano imparare un'arte, conoscersi e testare i propri limiti. Come si dice nel settore, i nostri sono 'sport senza palla, perché se ne usano due'". C'è chi inizia perché "è interessato a sapersi difendere, magari perché ha subìto o è stato testimone di aggressioni da parte di coetanei"; chi perché "vuole semplicemente divertirsi essendo stanco di certe dinamiche degli sport di squadra o di fare lo zombie tra una macchina e l'altra di una palestra fitness".

Le regole che ogni praticante – atleta o non – deve osservare se vuole rispettare i dettami dell'"arte delle otto armi" sono nel decalogo del muay thai:

1. Rendersi di pubblica utilità.
2. Essere gentili con tutti, ovunque possibile.
3. Non essere violenti nei pensieri, nelle parole e nelle azioni.
4. Essere fedeli a se stessi e agli altri.
5. Essere perseveranti.
6. Essere disposti a sacrificarsi per il bene del proprio paese, se necessario.
7. Avere una forte volontà ed essere risoluti.
8. Mantenere un'elevata moralità.
9. Prendersi cura del nome della propria scuola.
10. Allenarsi regolarmente.
11. Non approfittare dei propri avversari violando le norme.
12. Mostrare rispetto per le regole.

Dodici comandamenti. Dodici paletti. Dodici totem. Sulla carta. Se un po' per gioco e un po' no le prendiamo una per una, le dodici regole del muay thai che i vecchi maestri thailandesi insegnavano ai loro allievi, e se le specchiamo con la condotta dei gruppi di estrema destra, c'è da divertirsi. Si fa per dire. Viene fuori una frittata di incongruenze dove la sacralità dei dettami dell'antica arte dei re di Bangkok ne esce mortificata. Per non dire ridicolizzata. Semplifichiamo. Prendiamo come esempio Lealtà Azione. Nessun dubbio per quanto riguarda "essere perseveranti" e "avere una forte volontà ed essere risoluti". Mettiamoci pure, patriotticamente, "essere disposti a sacrificarsi per il bene del proprio paese, se necessario". Ma sul resto, i "lupi" che si dedicano al combattimento potrebbero trovarsi in un qualche imbarazzo. È vero che sul ring più picchi e più vinci. Ma la storia recente e meno recente di Lealtà Azione sembra stridere un poco con i comandamenti del muay thai. A partire dal precetto n. 3: "non essere violenti nei pensieri, nelle parole e nelle azioni". Difficile da applicare a un'associazione nella quale opera il circuito hammerskin, una formazione, come abbiamo detto, nata da una frazione del Ku Klux Klan. Se si sta alle sentenze passate in giudicato che condannano per pestaggi ("lesioni gravi") gli hammerskin a capo di LA – i pregiudicati Stefano Del Miglio e Giacomo Pedrazzoli –, l'assenza di violenza nei "pensieri, nelle parole e nelle azioni" non la si coglie, diciamo, proprio nella sua interezza. Idem per quanto riguarda il "mantenere un'elevata moralità" e il "rispetto delle regole". Membri di Lealtà Azione militano nelle fila di ultrà di Milan e Inter, gruppi violenti già coinvolti in diverse inchieste giudiziarie (citiamo e riprenderemo più avanti le indagini sulla morte di Daniele Belardinelli, il capo ultrà varesino che ha perso la vita il 26 dicembre 2018 in una battaglia tra hooligan nei pressi dello stadio Giuseppe Meazza di Milano prima della partita Inter-Napoli).

Infine: "essere gentili con tutti" e "rendersi di pubblica utilità". Fuori dal ring i militanti "lealisti" declinano questi concetti alla loro maniera. La "pubblica utilità" è da intendersi come un impegno solidaristico rivolto ai soli italiani. Un attivismo di strada escludente: gli stranieri sono fuori. I membri di Lealtà Azione promuovono iniziative di sostegno per bambini e adulti italiani in difficoltà come fanno i neonazisti di Alba dorata in Grecia. Li trovi ai banchetti per strada, fuori dai supermercati. Le braccia che porgono sacchetti della spesa alle famiglie italiane povere sono le stesse che si tendono nel saluto romano alle "commemorazioni funebri" – come le ha definite la Procura di Milano – al Campo 10 del Cimitero Maggiore del capoluogo lombardo.

Davvero chi sale sul ring e chi prende parte agli eventi di Wtr si concentra per lasciare tutte queste cose fuori dalla porta della palestra? È possibile, come mi ha spiegato Luca Gigliotti, scindere, tenere separati politica e sport, propaganda e arti marziali? Io non credo. Lo stesso discorso vale per le branche sportive di Forza nuova e CasaPound: due gruppi che, negli ultimi dieci anni, numeri del Viminale, hanno collezionato quasi millecinquecento denunciati e decine di arresti – tra militanti e simpatizzanti – per reati che vanno dall'apologia del fascismo alla strage aggravata dall'odio razziale.

Gli uomini di domani

Che cosa trasmettono gli sport delle "due palle" – per dirla con la definizione muscolare usata da Alessio Manzi? Le discipline che caratterizzano le performance e i meeting di combattimento di Wtr sono allo stesso tempo un palcoscenico e una scuola di militanza. Lì si formano i guerrieri. Vale per Lealtà Azione e per le altre formazioni dell'ultradestra italiana. Ma su questo punto il capo di Lottatori Milano è lapidario: "È una cosa che davvero non ha senso," dice. "I nostri valori non hanno colore e non hanno bandiera. L'umiltà è di destra o di sinistra? Il rispetto è di destra o di sinistra? L'impegno è di destra o di sinistra? I valori sono dell'uomo, non di questo o quel partito. Noi non facciamo politica, non facciamo religione, non esponiamo simboli politici o religiosi. Noi accogliamo i ragazzi e ogni volta che escono sono un po' meno arrabbiati e insicuri di quando entrano. Questa è la nostra impostazione. E come ho avuto modo di scrivere sulle nostre pagine social, noi accogliamo ragazzi italiani, rumeni, ucraini, marocchini, egiziani, peruviani, brasiliani. Potrei andare avanti ore. Sono cristiani, musulmani, induisti, buddhisti o quello che vogliono essere. Sono bianchi, neri, gialli e verdi. E convivono tutti sotto lo stesso tetto, incrociano i guantoni, si abbracciano soddisfatti a fine sera. Forse è il caso che chi sale sul pulpito per darci dei 'fascisti' perché abbiamo ospitato un evento sportivo, a predicare integrazione sociale e non discriminazione, salga invece da noi in Lottatori Milano a impararne un po'. Lasciando la politica fuori dalla porta come facciamo noi".

La volontà di tenere disgiunti sport e politica. Il superamento delle divisioni. La presa di distanza dallo schema – considerato obsoleto – destra-sinistra, o fascismo-antifascismo. Sarà certamente un caso, ma nella spiegazione di Manzi ritrovo la destrutturazione ambigua tipica del messaggio metapolitico della destra radicale 2.0. Quella del "Noi siamo oltre", "Fascismo e comunismo sono categorie vecchie che si studiano sui libri di scuola" eccetera (come ripete da due anni Matteo Salvini). È la concezione dei postfascisti. Che impongono la loro presenza sulla scena prendendo le distanze dal fascismo. A parole.

Per stringere il campo, e prima di concludere l'intervista con Manzi, gli chiedo conto specificamente dei rapporti di collaborazione che ha con i neonazi di Wtr. Se non ha provato disagio a organizzare un evento con loro sapendo che il ricavato della manifestazione avrebbe finanziato una formazione che si ispira a criminali di guerra antisemiti. E, infine, che cosa pensa del discusso patrocinio dato da Regione Lombardia. Risposta: "L'evento 'Kids of the ring' è stato un successo, hanno partecipato una ventina di giovani e giovanissimi atleti italiani e francesi, di carnagione bianca e nera, dando vita a match spettacolari. Siamo stati lieti di ospitarlo e collaboriamo coi ragazzi di Wolf of the ring perché sono seri, puntuali, impeccabili, dei veri professionisti. Mai abbiamo parlato nell'organizzazione di questo evento di nulla che non riguardasse l'evento stesso, se non di pedofilia e di iniziative volte a contrastarla. Essere contro la pedofilia vuol dire avere colore politico?! Non si è parlato di politica, non si sono esposte bandiere o alcun simbolo politico".

Il patron della Lottatori Milano mi incalza: "Se bussasse qualcuno alla sua porta e le dicesse che vuole dare l'opportunità ai suoi ragazzi di confrontarsi con atleti internazionali, coprendo ogni spesa e con un evento di pregio che ha ottenuto il patrocinio della Regione, lei cosa farebbe? A me interessano i miei ragazzi, non le strumentalizzazioni di qualcuno che non ha di meglio da fare che polemica. Noi abbiamo fatto sport e ne sono fiero. I ragazzi che hanno partecipato erano felici, le loro famiglie orgogliose. A me questo basta. Se bussasse l'Anpi alla mia porta (solo per citare la fonte da cui è nata la polemica), con le stesse premesse, li accoglierei nello stesso modo. Se bussasse la parrocchia, uguale. La scuola, uguale. La porta è sempre aperta, pochi bussano purtroppo. Sono contento che Regione Lombardia dia il patrocinio, o il sostegno economico a certe iniziative. Ne abbiamo davvero bisogno. Il nostro è un compito difficile ma necessario".

Difficile ma necessario. Per chi? Per cosa?

3.
Nella galassia sotterranea

Pugni neri

Sui social le definizioni grondano retorica. Le formule anche di più. Sempre all'attacco. L'immagine dell'aggressività e la concessione alla terminologia usata ritualmente dai reparti degli eserciti: "Tigri", "Combattenti", "Rapaci", "Aquile". Sono gli atleti – semplici appassionati, praticanti, dilettanti, professionisti – che frequentano, si allenano e combattono per circoli e società sportive inglobate nel sistema metapolitico del neofascismo italiano. Una realtà parallela. Un mondo che si sta espandendo tra i giovani e che nasce dall'esigenza di unire all'aspetto sportivo funzioni politiche e sociali. Tutte le formazioni più strutturate dell'estrema destra italiana hanno un'organizzazione sportiva. Qualcuna è attiva da anni, altre sono nate da poco. Da un punto di vista formale possono essere associazioni, società o circoli. Compongono una sottogalassia fatta di diverse sigle, a seconda di quante e quali siano le discipline che vedono impegnati i militanti e i simpatizzanti della casa madre. E cioè il partito. O il movimento. Anche qui si possono distinguere due livelli. Il primo è quello più superficiale ed è caratterizzato da slogan e messaggi generalmente neutri: concetti condivisibili perché largamente diffusi. Di solito si fa riferimento alle massime latine. Una su tutte, immortale, quella di Giovenale: "Orandum est ut sit mens sana in corpore sano". La preminenza dello spirito sul corpo. È il motto adottato da Italica sport e avventura, l'organizzazione sportiva di Forza nuova. Il secondo livello è quello più interno, dove spuntano riferimenti espliciti al nazifascismo, al razzismo, alla xenofobia; dove si celebra il solito modello maschile ispirato alla mitologia del Ventennio o al potere della "razza bianca". Il bagaglio valoriale del fascismo che celebra se stesso.

Per continuare nel racconto di questo sottobosco nero, come nel caso di Wtr-Lealtà Azione, sono partito ancora una volta dal contenitore e dalla sua cornice. La calamita sportiva attira i giovani e li instrada su un percorso di militanza che procede per gradi, per sfumature. Dentro ci sono personaggi e storie. Ci sono atleti professionisti che salgono sul ring per onorare i vessilli non solo di una società sportiva, ma anche di un partito o di un gruppo. Sono atleti regolarmente iscritti alle federazioni nazionali. Le federazioni sanno che non sono semplici atleti: sono militanti (quasi sempre giovani) che combattono. Con la loro attività e i loro successi nelle competizioni fanno propaganda politica. Sono andato a vedere chi sono questi guerrieri. Facendo un ingrandimento sulle loro storie – sportive e non, in alcuni casi sconfinano nella cronaca giudiziaria –, mi sono posto delle domande. E a quelle domande lascio rispondere voi che state leggendo. Quale influenza può avere sulle nuove generazioni un pugile o un fighter dichiaratamente fascista? È normale che un atleta salga sul ring e partecipi a manifestazioni riconosciute dal Coni esibendo sui social, con una fotografia, con un post, magari con un simbolo tatuato, un'ideologia ben definita? O che semplicemente si lasci usare da un partito o da un movimento fascista per fare proselitismo? Dove ci portano i pugni di chi esalta l'"Orgoglio italiano" facendosi interprete di una visione distorta dello sport?

Il guerriero salentino

Si chiama Italica sport e avventura. È, come abbiamo detto, l'organizzazione sportiva di Forza nuova. Si definisce un'"associazione comunitaria". Dalla sua nascita – aprile 2019 – risulta regolarmente iscritta all'Agenzia delle Entrate. Il simbolo è un'aquila su sfondo tricolore. I contatti fanno riferimento a Domenico Rigillo, dottore in Scienze motorie e segretario di Forza nuova Crotone. Lo raggiungo. Mi dice che non è più il responsabile di Italica. Sta sul vago. Gli chiedo di spiegarmi almeno i rapporti tra Italica e Fn. Dopo qualche giro di parole mi dice che quando l'associazione è nata "non c'era un vero legame con Fn. Se poi l'ha sponsorizzata, io questo non lo so...". Una capriola. Doppia.

Non solo Italica è indicata ufficialmente nel sito di Fn, ma il suo ex presidente, Rigillo, è segretario di una sezione cittadina del partito di Roberto Fiore. "È un'associazione sportiva come tante. Che promuove sport e vita, i valori delle discipline sportive e della natura," mi dice Rigillo. "Si va dal trekking allo sport: calcio, boxe, tennis." Ecco: un tennista forzanovista che fa tornei inneggiando al revisionismo e a Mussolini non ce lo vedo molto. Ma se si risale sul ring, la squadra neofascista inizia a comporsi. L'organizzazione sportiva che per fare proseliti si descrive come fosse un'associazione di boyscout ("Siamo un gruppo di persone unite da viscerale amore per la natura e la bellezza in tutte le loro forme. Chiunque di voi condivida con noi queste passioni può mettersi in contatto scrivendoci sulla pagina, saremo lieti di ricontattarvi e iniziare con voi un nuovo percorso") ha in scuderia un pugile campione italiano dei pesi superpiuma.

Lui è Giuseppe Carafa, ventisei anni, pugliese di Ugento (ma vive a Parma dove studia Economia all'università), 12.500 abitanti in provincia di Lecce. È in forza alla Beboxe di Copertino del maestro e tecnico federale Francesco Stifani. Insieme a suo fratello Antonio (anche lui pugile), Giuseppe, il 13 aprile 2019, è "guest star" a Lucca: presentazione ufficiale di Italica sport e avventura. Il taglio del nastro è nei locali del Presidio, la sede lucchese di Forza nuova, al numero civico 266 di via Orzali. Presiedono l'inaugurazione Angelo Baldassarre (coordinatore di Italica sport e avventura Puglia) e Alessio Balzanelli (coordinatore di Italica sport e avventura Toscana). Giuseppe porta in dote ai camerati del Presidio la prestigiosa cintura di campione italiano dei superpiuma. L'ha vinta ventiquattr'ore prima ed è la più importante delle sue undici vittorie (su un totale di quindici match) nel circuito professionistico (Lega pro boxe). Un titolo difeso il 28 giugno 2019 a San Giuliano Terme (Pisa), dove Carafa ha la meglio sullo sfidante Nicola Henchiri. In occasione di entrambe le vittorie il pugile salentino riceve complimenti pubblici da Roberto Fiore. L'ex terrorista nero, fondatore e segretario nazionale di Forza nuova, mette il fez forzanovista in testa al "nostro pugile". Lo chiama così, con orgoglio. Sottolinea la sua appartenenza alla scuderia. Esalta Carafa e lo impalma. Carafa è elevato a piccolo eroe nazionale, i suoi pugni sono funzionali alla narrazione fascista. Sulla pagina Facebook di Italica campeggia un video dedicato al guerriero salentino. C'è lui che si allena per le strade di Ugento tipo Rocky Balboa: corre a petto nudo, poi sale sul ring, fa i guantoni. Flessioni, sequenze, vuoti, poi di nuovo per strada, di spalle. Zoomata sulle fascette che avvolgono le mani prima di infilare i guanti. Di nuovo in esterna: chiese barocche, lucide chianche sullo sfondo. Carafa esce dai locali della Beboxe in via Mogadiscio (la palestra di cui è socio il padre Salvatore) e sfila per i vicoli del paese come Sylvester Stallone nel più celebre dei film della saga eroico-pugilistica. Mancano solo i ragazzini che gli si mettono in scia correndo dietro di lui, poi è una sceneggiatura cinematografica. Quasi riuscita.

La figura del campioncino di Forza nuova diventa modello di atleta "comunitario". Un esempio per i giovani. Il cittadino-eroe innalza, esponendolo pubblicamente sui social, l'ideale italico. Ma non sono i primi encomi che Carafa riceve. Nel 2011, il pugile di estrema destra – all'epoca aveva sedici anni, fresco di medaglia d'oro ai Campionati interregionali italiani junior ad Aci Castello – viene insignito di un riconoscimento dal Comitato regionale pugliese del Coni. La premiazione ha luogo durante il convegno regionale "Sport in progress – La Regione gioca in squadra" ospitato nell'aula magna "Attilio Alto" del Politecnico di Bari (presenti l'allora presidente della Regione Puglia Nichi Vendola, il vicepresidente nazionale del Coni Riccardo Agabbio, il presidente nazionale del Comitato italiano paralimpico Luca Pancalli, l'atleta paralimpica Giusy Versace, campionessa nazionale dei cento metri).

Otto anni dopo. Come vive il boxeur il rapporto con la politica di estrema destra? Perché ha aderito a Italica sport e avventura? Quali sono i valori in cui crede e che vuole trasmettere ai ragazzi che seguono le sue gesta pugilistiche? Carafa accetta di parlare e lo fa senza rete: nel senso che – dice da subito – "mi assumo la responsabilità delle mie scelte". Mi racconta che è iscritto a Forza nuova Lecce, che si è tesserato nel 2017 e che le sue idee sono quelle ereditate dal padre Salvatore, anche lui tecnico federale, socio di Stifani nella Beboxe (Carafa senior dirige la succursale di Matino, sempre nel leccese). "Mi riconosco negli ideali di Forza nuova: Dio, patria, famiglia. Se mi dicono che sono un pugile fascista, mi sta bene. Ma non mi piacciono le strumentalizzazioni." E più strumentalizzazione di così, gli faccio notare. Combatti per l'ente di promozione sportiva di Fn, un partito politico, fondato da un ex terrorista nero. "Se vengo portato ad esempio perché rappresento dei valori e li porto sul ring lo accetto." Quali sono i valori di Carafa? "Il coraggio fisico e morale. Scendere di dieci chilogrammi e andare sul ring a fare a pugni è una cosa rude che ti serve nella vita. Che ti aiuta a superare le difficoltà. Io sono per la pulizia e l'integrità, contro le droghe, il fumo, le dipendenze in generale."

Giuseppe è iscritto al terzo anno di Economia ed è in forza alla Società pugilistica grossetana "Umberto Cavini". Dice che unire politica e sport non è facile. Almeno nel suo caso. Uno che si ammazza di allenamenti per preparare gli incontri e intanto deve pure studiare per gli esami all'università. "La mia militanza la esercito soprattutto con Italica sport e avventura. Oggi sono il testimonial principale dell'associazione." Mi spiega che a Italica, più che il professionismo, i trofei, i successi dei suoi atleti, sta a cuore la diffusione dello sport fra la gente: "Lo sport come forma di aggregazione. Intorno ai nostri ideali. È questo il messaggio". E il resto della militanza come lo porta avanti? Banchetti e attività di volantinaggio: fatto. Distribuzione di pacchi alimentari ai leccesi in difficoltà (con Solidarietà nazionale, altra branca di Fn): fatto. Ronde: no.

"Ai ragazzini che si avvicinano alla boxe e alla lotta – due discipline da combattimento tradizionali – dico che le prime tre cose in cui devono credere sono: coraggio, lealtà e rispetto. E poi lo spirito comunitario. Quello che ti dà l'estrema destra. Quando smetterò di combattere aprirò una mia scuola di pugilato. Farò quello che mio padre ha fatto con me e mio fratello (Antonio, classe 2000, pugile dilettante, anche lui iscritto a Forza nuova) e che fa oggi con altri ragazzi. Insegnare lo sport per insegnare a vivere." Perché, domando al pugile salentino, per insegnare a vivere lo sport deve essere mediato dall'estremismo politico? "Certi valori è più facile ritrovarli negli estremi: dentro partiti di nicchia come Forza nuova o come quelli dell'estrema sinistra. Ho tanti amici che si allenano nelle palestre popolari e hanno un'ideologia opposta alla mia, ma andiamo d'accordo. Ci riconosciamo in una mentalità che non accetta compromessi e che non ha niente di moderato. La boxe ha anche una funzione sociale, io credo molto nel sociale. Un ragazzino che si avvicina a una palestra non lo fa solo perché vuole imparare a picchiare. Magari vuole vincere la timidezza, vuole avere una personalità più forte. A me la boxe e la politica mi hanno formato, mi hanno fatto sentire sicuro. Mi piacciono le regole e l'ordine. Le manifestazioni in piazza di Forza nuova sono sempre ordinate. Di contro, si vedono molti più incidenti e colluttazioni nei cortei dei centri sociali o degli antifascisti."

C.O.C.D. (Credere Obbedire Combattere. E Difendere)

Ho visto qualche decina di match di pugilato. All'inizio ero spinto dalla curiosità. Nel tempo, il ring ha smesso di catturare la mia attenzione. Al di là della retorica – ma ovviamente è tutto vero, tremendamente vero – del sacrificio e del sudore che rappresentano i pilastri del pugilato, in ogni incontro cercavo semplicemente il talento, l'estetica del gesto. L'abilità del pugile di sapersi affrancare dallo stereotipo della forza bruta e della potenza e basta. E infilare soluzioni inaspettate, sparigliando con moduli sorprendenti: magari un colpo tirato fuori come un coniglio dal cilindro, in contropiede, il meno convenzionale possibile, e proprio per questo capace di annullare nell'avversario il potenziale legato alla massa muscolare e all'automatismo delle sequenze classiche.

Per un periodo ho seguito anche gli incontri di Mma: vere lotte tra uomini che assomigliano a quelle tra bestie feroci. Sangue, gomitate, teste aperte e colpi violentissimi. Tutto dentro una gabbia. Lì capii che da quella gabbia, forse, sarebbe saltato il tappo del silenzio, avrebbe preso forma, anche plasticamente, il ritorno alla "politicizzazione" di queste discipline: sia quelle tradizionali, sia quelle moderne (come appunto le arti marziali miste). È un fenomeno antico e recente. Affonda le sue radici nel Carnera fascista. E la sua riformulazione, seppure in un contesto e con dinamiche completamente diverse, avviene secondo logiche simili: con la stessa base di partenza. C'è una specie di apprendistato, una scuola di formazione psicofisica che spesso è anche scuola politica. Quando parla di pugilato Roberto Fiore ha buon gioco nel dire "i nostri pugili". Sono i combattenti armati di "forza e onore" che aderiscono al suo partito. Guardiani in guantoni e braghini della più antica "comunità" neofascista italiana ancora attiva, e sempre con lo stesso nome e lo stesso simbolo: Forza nuova. Per i giovani militanti affascinati dalla boxe questi guerrieri usati dalla politica, e viceversa, sono eroi. Modelli da emulare. Sul ring e nella vita. E se non riuscirai a emergere sul quadrato, se gli allenamenti e la fortuna non ti regaleranno nessun titolo, nessuna medaglia o cintura, pazienza, tranquillo: c'è sempre la strada. Ci sono le ronde, per esempio. C'è il quartiere da difendere dall'invasione degli zingari, degli spacciatori, dei ladri. C'è qualche bengalese da pestare, come i caporioni romani di Forza nuova insegnavano alle nuove leve del partito. O, semplicemente, c'è da "salvare l'Italia".*

---

* Nel 2014 la Procura di Roma e il Ros dei carabinieri accendono i riflettori su un rituale con cui i capi romani di Forza nuova fermavano i giovani militanti: il pestaggio seriale di immigrati per le strade della capitale. In particolare, le brutali aggressioni avvenivano contro cittadini del Bangladesh perché, come hanno spiegato negli interrogatori alcuni degli autori dei pestaggi: "Sono tranquilli, prendono le botte e non rompono". Per questo l'inchiesta prese il nome di Bangla-Tour.

La protezione fisica del territorio è l'ultima missione extrasportiva nella quale si lancia Cristian Sanavia. Chi è? Quarantacinque anni, veneto di Piove di Sacco, un paesotto dell'hinterland padovano, Sanavia è un ex pugile. Non uno da seconda linea. Professionista a ventun anni, tra il 2000 e il 2010 è stato ai vertici del pugilato mondiale. Due volte vincitore della corona europea (pesi supermedi, 2001 e 2007), e nel 2004 del titolo mondiale (stessa categoria). L'ultimo match importante l'ha combattuto nel 2009: il tedesco Karo Murat, dopo avergli strappato la cintura nel 2008, gli ha concesso la rivincita. Persa anche questa. E poi? Che fine ha fatto la "belva del piovese", come era soprannominato Sanavia? Il boxeur veneto rispunta nelle cronache nel settembre del 2017. È il periodo delle ronde. Forza nuova – come altri partiti e movimenti neofascisti, CasaPound in primis – rilancia i pattugliamenti di cittadini nelle zone del degrado. Un film già visto: gruppi di volontari in pettorina vanno a spasso nelle ore serali e notturne ergendosi a deterrente per ladri e spacciatori. Dieci anni prima le ronde le faceva la Lega. Erano nate proprio in Veneto. Quando nel 2014 la Lega sovranista vira all'estrema destra, i fascisti riprendono la tradizione delle ronde: ci aggiungono l'aggettivo "tricolori", oppure, edulcorando, le chiamano "passeggiate per la sicurezza". Forza nuova lancia un appello rivolgendosi a tre categorie. Tre categorie precise: taxisti, ultrà e pugili. Possibilmente giovani. Chissà perché proprio loro! Sanavia, l'ex campione mondiale di boxe, risponde all'appello di Fiore. È tesserato con Forza nuova dal 2012. È un militante. Precisa subito di non essere "uno che va in giro a picchiare la gente". La sua partecipazione alle ronde nere tra Piove di Sacco e Bagnoli la spiega così: "Io sono per il popolo italiano, perché il popolo in questo momento ha bisogno di aiuto. Bisogna far vedere che ci siamo rotti i c...". Eccola, la dottrina Sanavia. "È ora che la gente riprenda il controllo dei quartieri. Se vediamo qualcuno in difficoltà prima lo salviamo e poi chiamiamo il 113. Vogliamo essere al fianco dei cittadini e liberare le strade da immigrati e delinquenti. Lo stato protegge gli immigrati e non pensa agli italiani," dice l'ex pugile in due interviste a "Repubblica" e al "Mattino" di Padova. "Io ho due bambine e sono molto preoccupato della loro sicurezza, nelle scuole l'80 per cento degli alunni sono stranieri." Ci sono "loro", quelli che i fascisti chiamano gli invasori, e ci siamo "noi", come ripetono i "patrioti" di Fn e di Cpi.

Sanavia il 4 novembre 2017 è in piazza a Roma: manifestazione di Fn intitolata "Tutto per la Patria". Saluti romani, spintoni ai cronisti, inni fascisti e il rompete le righe al Colosseo quadrato, il fascistissimo Palazzo delle Esposizioni all'Eur. Nelle intenzioni degli organizzatori quella doveva essere una seconda "marcia su Roma". L'avevano annunciata per il 28 ottobre (nello stesso giorno della prima e famigerata marcia su Roma del Partito nazionale fascista, era il 1922). L'allora ministro Minniti la vietò in quel giorno e i neofascisti fecero il loro corteo nostalgico e anti-immigrazione il 4 novembre, giornata della festa nazionale delle forze armate. In piazza, oltre a Sanavia, c'è un altro nome noto alle cronache, anche se quel giorno non lo è ancora: lo sarà, drammaticamente, il 3 febbraio 2018. È il "Lupo" Luca Traini, autore dell'attentato di Macerata. Ma restiamo a Sanavia e alla sua mission di vigilanza territoriale. Eloquente è la sua spiegazione del reclutamento dei volontari per le ronde. Perché Fn si rivolge proprio a pugili, tassisti e ultrà? Perché "i tassisti spesso devono difendersi dalla gentaglia che si trova di notte in giro. Gli ultrà perché serve una presenza forte e i pugili perché sono professionalmente più preparati a difendere chi viene aggredito".

Fin da ragazzino Sanavia è di estrema destra. Lo erano i suoi genitori, lo è lui. È convinto che Forza nuova sia l'unico partito in grado di "salvare l'Italia e gli italiani". È anche sicuro che quello che sta facendo, la partecipazione attiva alle ronde, sia il migliore esempio da dare ai giovani. Lui che è stato un atleta, un campione del mondo: "I giovani di politica non sanno niente. E questo è un buon modo per coinvolgerli attivamente. Noi puntiamo sui giovani". Pugni, ring, fascismo e ronde patriottiche. Sanavia ha appeso i guantoni nel 2015, a quarant'anni, vive a Campolongo e fa il personal trainer: tiene corsi per amatori e bambini in una mezza dozzina di palestre tra Padova e Venezia. La sua società si chiama New Boxe 2010. Che cosa insegna il pugile neofascista ai ragazzi? Glielo chiedo tra un allenamento e l'altro un pomeriggio d'autunno. "La prima cosa è la disciplina. Chi viene da me sa che deve comportarsi in un certo modo, altrimenti va via. Vale per tutti, italiani, stranieri, marocchini, moldavi. Ho un gruppo di una quindicina di bambini e poi tanti ragazzi. I più piccoli li faccio divertire con dei circuiti e con i primi approcci alla boxe. Sono già in competizione tra loro. A volte c'è chi mi chiede: ma tu hai mai picchiato qualcuno? No, rispondo. Fuori dal ring mai." E le ronde del 2017 con Forza nuova? "Ne ho fatte quattro o cinque. Passeggiate sul territorio. Chiunque è libero di andare in giro a controllare la zona dove vive. Ma non è che insegno boxe ai ragazzi per andare in giro a picchiare. Però se in un paese ci sono furti e stupri, e quello è il mio paese, la ronda la faccio. Difendo la mia terra e la mia gente. Adesso è un po' che non ne facciamo. Ma se c'è bisogno sono sempre pronto, perché no?" Il fascismo, "Dio, patria e famiglia". Per Sanavia, dopo trent'anni di carriera, è scattata la miccia della politica: "Mi sono iscritto a Forza nuova, mi piacciono le idee e le battaglie che fanno. Ma la politica oggi è solo opportunismo. Meglio il ring, meglio i cazzotti. Lì sei solo e senza maschere. Tu contro il tuo avversario. Chi è più forte vince, e l'altro sta a terra. Ma almeno c'è rispetto e lealtà".

La storia di Sanavia, guerriero che alleva guerrieri, mi porta centottanta chilometri più a nord, a Trieste.

La parabola del crociato

Un bus. Un gruppo di uomini vestiti di nero staziona sul marciapiede in attesa che parta. Il più alto e il più piazzato è lui: Fabio Tuiach. Un pugile prestato alla politica. Triestino, figlio di esuli, operaio al porto e consigliere comunale (prima Lega, poi Forza nuova, ora da indipendente) nella giunta di destra del sindaco Dipiazza. Il politico boxeur è noto per le sue crociate antiabortiste e per le sparate contro gay, comunisti, immigrati, islamici ("Maometto è un pedofilo"). Tutto agli atti. Tutto contenuto nel bollitore delle sue pagine Facebook (ne ha due: una "sportiva" e una "politica", ma di fatto in Tuiach non c'è distinzione tra l'uomo e l'atleta). La più roboante delle provocazioni il Rocky triestino la sgancia nell'ottobre del 2017: "Il femminicidio è un'invenzione della sinistra". Insomma: non esistono donne uccise da uomini. Una frase shock che lo fa finire sui giornali. All'epoca era ancora un consigliere comunale della Lega. Poi c'è stato il passaggio a Forza nuova, l'infatuazione per Roberto Fiore che, puntuale, non si perde nessuno dei suoi match di pugilato e a fine incontro posa sul ring accanto al "suo" pugile. Ormai ex. Perché dal gennaio del 2019 Tuiach è uscito anche da Forza nuova. Alla ricerca di una nuova collocazione politica, il consigliere crociato, che siede sempre sugli scranni del consiglio comunale triestino, non ha smesso di regalare perle di follia: nel novembre del 2019, mentre Matteo Salvini giura sul sacro cuore immacolato di Maria che "il fascismo in Italia non esiste più" – ma intanto i militanti di CasaPound partecipano all'adunata leghista in piazza San Giovanni –, Tuiach si esibisce su VK, uno dei canali social utilizzati da neofascisti e neonazisti e propagatori d'odio dopo che Facebook ha chiuso le pagine di Fn e Cpi.

Inneggia a Hitler e Priebke, agente della Gestapo e capitano delle SS condannato all'ergastolo per aver partecipato alla pianificazione e alla realizzazione dell'eccidio delle Fosse Ardeatine. Non solo: "Credevo che l'ultimo difensore del cattolicesimo fosse stato Mussolini ma invece più vado avanti nella ricerca della mia fede e più capisco che l'ultimo difensore del cattolicesimo è stato proprio Hitler".

Reazioni? Zero. Non ce n'erano state nemmeno quando il pugile prestato alla politica se n'era uscito, poco tempo prima, dicendo di voler segregare il Pride del Friuli-Venezia Giulia ("Appurato che l'atto omosessuale ostentato al Gay pride è un abominio e un peccato mortale per la nostra religione..."). Ma torniamo al bus. Che ci fa un uomo che è stato campione italiano dei pesi massimi (titolo vinto tre volte e perso nel dicembre del 2018) lì, con altri energumeni, alla pensilina di un autobus a Trieste? Semplice. "Partecipavo a una ronda sul bus assieme ai patrioti di Forza nuova," scrive Tuiach. Eh sì, perché tra i suoi atti politici c'è stata una mozione, approvata da tutto il centrodestra in Comune a Trieste. Prevede di mettere un vigilante su alcune delle "linee più pericolose" per garantire la sicurezza dei cittadini che nel capoluogo friulano si spostano coi mezzi pubblici. Sindaco e giunta approvano. Risultato: le ronde di Forza nuova a cui ha partecipato Tuiach sono servite, di fatto, a far salire sui bus uno "sceriffo" che funga da deterrente per vandali e molestatori vari.

Dio, patria e famiglia sono gli unici valori in cui crede Tuiach, che ha un figlio di nome Jesus. La sua vorrebbe essere la parabola di un crociato moderno. Un uomo temerario che mostra i muscoli ma lo fa, dice, "sempre in nome di Dio!". Perché "i veri cattolici sono nati per combattere. Io sono nelle mani di Dio e tutti gli onori e la gloria appartengono a Lui!".

Nel luglio del 2018 racconto su "Repubblica" il caso Tuiach e l'assurda propaganda che, attraverso lui, Forza nuova faceva sul ring. La vicenda rimbalza ai piani alti del Coni e il presidente della Federboxe, Vittorio Lai, prende le distanze: "La boxe non è razzista, Tuiach rischia la squalifica". Il pugile viene squalificato? Macché. A dicembre sale di nuovo sul ring e perde il titolo di campione italiano. Continua a combattere.

Due anni fa scoprivo la storia di questo pugile a cui sta benissimo essere definito fascista e che in Friuli è esaltato dai giovani naziskin come "guerriero". Uno con il mito di Primo Carnera. Ma con meno talento pugilistico. Uno per cui la nobile arte della boxe può benissimo essere contaminata con la propaganda dell'estrema destra. Anzi, è proprio l'impasto tra sport e politica la forza di Tuiach. Fosse un pugile e basta, probabilmente pochi avrebbero parlato di lui fuori dal circuito degli addetti ai lavori. Mussolini ha fatto di Primo Carnera un monumento vivente perché Carnera era un fenomeno. Tuiach non lo è. Ma la sua militanza e le sue idee gli hanno permesso di uscire dal perimetro del ring ed entrare in quello delle coscienze di chi vota.

Intervisto Tuiach un anno dopo aver raccontato la sua propaganda da crociato e fascista. Sta partendo per la Polonia per disputare un incontro. Ammetto che parlare con uno che esalta Hitler e nega il femminicidio mi crea disturbo. Ma voglio capire qual è il fondo, fino a dove si può spingere un rappresentante delle istituzioni, un consigliere comunale – e dunque anche un pubblico ufficiale – di una città con oltre duecentomila abitanti. Un padre di quattro figli che è seguito da tanti giovani che appoggiano le sue idee e fanno il tifo per lui a bordo ring.

"*Qual è la strada da seguire per un giovane?*"

"Durante il fascismo c'era il mito dell'uomo forte. Adesso, per fortuna, quel mito sta tornando. Vedo che

i giovani cercano questa immagine, ambiscono a diventare uomini forti. Patrioti come me."
"*Lei è fascista e stava nella Lega.*"
"Sì, poi ci sono state delle incomprensioni. Ma oggi per noi fascisti il Capitano sovranista è Salvini. Il programma della Lega sembra quello di Forza nuova vent'anni fa. Fiore è un politico preparato, coerente con la sua storia. Ma Salvini è stato più abile."
"*Tornerà nella Lega?*"
"Non lo so. Sono stato il consigliere più votato, Salvini mi ha cercato quando già ero conosciuto. Poi a livello locale, coi dirigenti triestini, non ha funzionato."
"*Che governo vorrebbe?*"
"Premesso che purtroppo il duce non può tornare, vorrei un governo veramente sovranista. Salvini non lo ha ancora fatto. Sogno un'Italia senza aborto, de-islamizzata, senza immigrati, coi confini chiusi e protetti. In Polonia gli ultranazionalisti sono in parlamento, con la giacca con sopra la croce. Perché in Italia non si può?"
"*Che cosa pensa dei campi scuola dove i giovani vengono addestrati al combattimento e anche alla politica?*"
"Ben vengano. Io da ragazzo ero un ribelle. La disciplina del ring ti forma e ti tiene sulla retta via. Oltre allo sport e alla politica aggiungerei anche la fede, che è fondamentale."
"*Come vede l'Italia di oggi?*"
"Uno schifo. Solo i crociati avevano capito tutto. Ma Bergoglio dice cose un po' diverse. Però ho speranza nel popolo."
"*Cioè?*"
"Io sono un operaio, vengo dalla strada e resto sulla strada. Mi batto per il popolo, il mio popolo, gli italiani, gli europei che con la croce sconfiggeranno l'Islam. Il popolo italiano che le nuove generazioni devono tornare ad amare e a difendere, perché noi

siamo la nostra patria, la nostra civiltà. Siamo il bene contro il male."

Non ho mai pensato che Tuiach potesse essere un caso isolato. Non nell'era dei sovranismi e dei nazionalismi, dove ormai anche lo sport e gli atleti hanno perso ogni pudore ed escono allo scoperto approfittando del clima politicamente favorevole. Ma in due anni, da allora a oggi, questo intreccio fra sport e neofascismo si è arricchito, è diventato più stretto. Aprono associazioni e società sportive legate a gruppi neri. Nuovi atleti sono spuntati e i movimenti a cui aderiscono si sono appuntati al petto le loro medaglie. Per rivendersele come una vittoria. ("Vincere" era il motto esortativo mussoliniano; "Vincere" scandisce Salvini il 15 settembre 2019 sul pratone di Pontida nel primo raduno leghista dopo il suicidio politico del Capitano che manda a casa il governo gialloverde Lega-M5S spianando la strada a quello giallorosso Pd-M5S.) La storia che all'inizio sembrava essere un caso più o meno raro scopro oggi che è un tassello di un mosaico più complesso e articolato. C'è qualcosa che assomiglia molto a una filiera: sport da combattimento uguale fucina di atleti uguale scuola di militanza.

È una deriva che il mondo dei ring cerca di gestire come può. È il classico panno sporco tenuto nascosto. Ma che ormai si fa fatica a lavare. David Arsuffi, trentasette anni, bergamasco di madre sudafricana, tecnico federale di boxe, è titolare della palestra Accademia 360 di Bergamo e guida un team pugilistico. Lui il problema lo conosce bene. Due anni fa a Trieste ha accompagnato la sua squadra a una gara. Uno dei suoi è marocchino. Ha combattuto contro un pugile italiano. In tribuna c'era un folto gruppo di ragazzi in maglia nera e tricolore che faceva il saluto romano.

"Vedere una riunione di pugilato con un contorno simile fa riflettere e mette molta amarezza. Ti chiedi: perché? Che cosa c'entra? Perché inquinare uno sport nobile come la boxe con queste esibizioni fasciste? Il dramma delle palestre di sport da combattimento in Italia è che spesso i maestri sono, purtroppo, dei nostalgici. Nostalgici non solo dal punto di vista delle tecniche di allenamento o di preparazione atletica, ancorate a metodi ormai obsoleti e non all'avanguardia. Nostalgici anche di una certa rigorosa disciplina che spesso viene associata al Ventennio fascista. Ma il bello è che non sono nemmeno talmente vecchi da aver vissuto quel periodo. Nei loro ufficetti angusti, tra vecchie foto di ex atleti, cimeli sportivi e targhe di encomio dei loro piccoli successi da allenatori, non è raro trovare calendari, dipinti o quadri del duce. Proprio loro che dovrebbero ringraziare tutti quei ragazzi stranieri, provenienti da ogni dove e di ogni religione, che rappresentano ormai la maggioranza di chi si avvicina a queste discipline e che permettono ai maestri nostalgici di tenere aperte le palestre. Proprio loro," continua Arsuffi, "che dovrebbero essere i primi portatori esemplari dei valori di rispetto e uguaglianza, nello sport come nella vita. Questi maestri sono un paradosso: esaltano i valori del fascismo, si riempiono la bocca e le loro bacheche social di motti del Ventennio e poi sono i primi a sgomitare per fregiarsi dei titoletti vinti dai loro atleti stranieri. Ormai molti campioni in questi sport vengono da altri paesi. Proprio quelli che, magari, dello stesso odio che percepiscono nella nostra società quotidianamente attorno a sé, si alimentano, traendone forza e motivazioni per raggiungere i loro sogni."

 Ancora non sapevo su quanti e quali altri atleti potesse contare l'estrema destra in Italia per fare proseliti tra i giovani e formarli. Non immaginavo quanti altri professionisti, pure più estremisti di Fabio Tuiach, fossero iscritti e riconosciuti dalle rispettive federazioni, anche impegnati in gare internazionali. Combattenti che con le loro storie, i loro successi rappresentano modelli vincenti per i giovani che frequentano e che si allenano nelle loro palestre e società sportive. Ecco: l'aspetto che ritengo più interessante di questo fenomeno è l'impatto sui ragazzi. I punti di riferimento sportivi, e insieme politici, che gli atleti del saluto romano e delle croci celtiche tatuate sui bicipiti incarnano per le nuove generazioni nere.

I "gladiatori" e i "pulcini"

Sul corpo hanno tatuati svastiche, croci celtiche e naziste, rune, aquile, il busto di Adolf Hitler. Qualcuno ha alle spalle arresti e denunce per pestaggi a sfondo razziale. Storie di strada: inciampi giudiziari, ripartenze. Poi hanno ripreso a salire sul ring esibendo fieri i simboli della loro ideologia. Oltre a combattere, insegnano. Tengono corsi per bambini e ragazzini, li addestrano a picchiare da quando hanno sei, sette, otto anni. Ma dicono ovviamente che "la politica non c'entra", anzi sì, "siamo di estrema destra, ma queste sono idee nostre, è la nostra vita". La solita scomposizione. Uno schema ormai rodato e che ho imparato a riconoscere anche a distanza.

Sono i gladiatori neofascisti: i fighter delle Mma, le arti marziali miste dove ci si mena nelle gabbie. Una specie di girone dantesco dei combattimenti. Quando alcuni di loro salgono sul ring e la manifestazione all'interno della quale si svolge l'incontro è trasmessa in televisione, capita che vengano "bannati". Una svastica o la scritta DUX tatuata su un braccio o su una coscia non è un bello spettacolo da mandare nelle case dei telespettatori. Il rapporto con le federazioni è altalenante: qualcuna tollera, altre no. Ma è un fatto che nelle loro palestre questi guerrieri neri fanno ciò che vogliono. Così come sui social, dove le loro pagine sono seguite da un numero crescente di atleti e appassionati. Si chiamano Alex Celotto, Matteo Minonzio, Claudio Alberton, Davide Morini, Daniele Bosco. Usando una crasi capace di tenere assieme i loro mondi paralleli – cazzotti e fascismo – si potrebbero chiamare "fascisti marziali misti". "Misti" perché lo sport che praticano è un misto di cinque arti marziali: muay thai, judo, lotta libera, grappling, pugilato, kickboxing. Tecnicamente le Mma sono una disciplina a contatto pieno: vuol dire che per picchiare l'avversario puoi usare tutti gli arti. Un'evoluzione dell'antico pancrazio greco. Disquisire sul fatto che le Mma siano dure e violente significa aprire un dibattito tra chi le accusa di esserlo, e anche molto, e chi le difende sostenendo che la violenza è insita nell'uomo e che questo sport, convogliandola dentro delle regole rigide, la tenga in realtà (insieme agli infortuni) sotto una soglia che altre discipline non riescono a non bucare.

Mi sono chiesto come alcuni sport in particolare possano finire ad abbinarsi a una determinata ideologia, a simboli, slogan. E sull'impatto che i dettami e l'esempio di alcuni alfieri delle botte sul tatami o nelle gabbie hanno sui giovani. Per provare a offrire una risposta sono andato in una palestra rappresentativa di questo mondo misto: uno dei templi milanesi degli sport da combattimento.

L'università dei lottatori

FORZA E ONORE; CHI VINCE HA SEMPRE RAGIONE; TUTTO TRANNE LA MACCHINA. Sopra, a piano terra, c'è una sala per i pesi e l'allenamento a corpo libero. Scendi le scale e al piano interrato ci sono i tappeti e il ring. Le pareti sono decorate con queste scritte. Ci sono anche, disegnati e giganteschi, Spiderman e Hulk, uniche concessioni cromatiche a un ambiente spoglio. Spoglio come lo sono di solito le vere palestre di pugilato e di arti marziali. Sono le quattro del pomeriggio, poca gente, a quest'ora. C'è una ragazza che definisce i tricipiti sollevando dei manubri. Un altro atleta in maglietta bianca e pantaloncini si pesa sulla bilancia: è una montagna di muscoli, pompatissimo, tatuato dalla testa ai piedi, tatuaggi sul cranio, sulla faccia, sulle tempie, sotto l'occhio (due lacrime). È un ultrà dell'Inter. Sorridendo, mentre intervisto i due soci titolari della palestra, mi dice: "Io non parlo: meno e basta". A intuito non dev'essere solo un modo per tirarsela un po'. In una mano stringe un borsello di Louis Vuitton, nell'altra lo smartphone. Ha appena finito una sessione di allenamento: Mma.

Milano, via Cortina d'Ampezzo, zona Ripamonti. Il capannone è l'ultimo in fondo a destra. Entri, ci sono un cortile, un parcheggio e una rampa di scale con la targa, non particolarmente visibile: University of fighting, dal 1992. Il posto è abbastanza defilato. Accanto ci sono le sedi di altre attività commerciali. L'"università" è un punto di riferimento per chi ama il ring e la gabbia: uno dei più noti a Milano. Il più connotato politicamente. Max Greco e Claudio Alberton fondano la Asd Combat University of fighting nell'anno in cui a Milano scoppia Mani pulite. Sono entrambi di estrema destra. Me lo dicono subito. Lo sapevo e diciamo che, incontrandoli, capisci che non c'era bisogno di conferme. Il look di Alberton lascia poco margine alla fantasia: indossa una maglietta nera con la scritta NEL DUBBIO MENA (slogan di CasaPound e titolo di un brano degli ZetaZeroAlfa, la band musicale del movimento neofascista) e il disegno di un tirapugni. Anche lui ha il corpo interamente coperto di tatuaggi (tranne la faccia). Su una coscia c'è scritto DUX, sull'altra la frase FASCISTA PER DIO E PER LA PATRIA.

Passano cinque minuti da quando inizio a fargli domande a quando, con tono garbato, obbietta: "E però stiamo parlando più di politica che di sport!". Impossibile non parlarne. Le storie di chi ha fondato e gravita intorno alla Asd sono storie anche politiche. Ma andiamo con ordine.

Alberton nell'ambiente è soprannominato "Master

Clode". Se si parla di combattimenti in Italia, il suo nome salta fuori sempre. A prescindere. Ha iniziato nel '79 col karate, poi ha fatto tutto: kickboxing, muay thai, lotta. Fino a specializzarsi nello sport che insegna, Mma. La prima palestra aperta con Max Greco, anche lui già combattente e già atleta pluridecorato, era in via Verro. "Sulla parete c'era il poster di Mussolini," dice "Master Clode". Da sette anni si sono trasferiti qui, in via Cortina d'Ampezzo, un quartiere a discreta densità di meticciato, fra macellerie islamiche, kebabbari, money transfer, una mensa Caritas per i senzatetto lì, a centocinquanta metri. "Abbiamo circa duecento ragazzi, dai sei anni in su," mi spiega Max Greco. "Facciamo corsi e lezioni individuali. Proponiamo un insegnamento ferreo, militare. Siamo di destra. Ma la politica deve restare fuori dallo sport." Oplà. Dicono sempre così, dicono tutti così. Lo dicono anche alla University, che è la palestra più a destra di tutta Milano. "Ormai siamo etichettati come un covo fascista," ridono Alberton e Greco. Chiedo se non è effettivamente così. Alberton: "Io oggi sono apolitico, ma ho fatto le mie esperienze. Da giovane ero nel Fronte della gioventù". E le scritte DUCE e FASCISMO tatuate sulle gambe? "Be', se avessi tatuato Che Guevara come i fighter delle palestre popolari di Livorno ti indigneresti?" Greco: "Sì, siamo di estrema destra, e allora? Qual è il problema?" si irrigidisce. "Parliamo di sport che è meglio: questa associazione è una fucina di campioni. Dal '93 a oggi abbiamo fatto ventotto cinture, metà delle quali vinte all'estero. Se fossimo un laboratorio politico mica avremmo centrato tutti questi risultati. I genitori non ci manderebbero i loro figli, non saremmo un centro di riferimento per chi vuole praticare questi sport. E poi," aggiunge, "associare gli sport da combattimento all'estrema destra è un luogo comune." Eh già.

Tra i "medagliati" mi citano i casi dello stesso Max Greco (già campione mondiale di kickboxing, campione europeo di savate, campione mondiale di full contact), della pugile Stefania Bianchini (ex campionessa mondiale dei pesi mosca nella versione Wbc), di Leonardo Borghesi (campione universitario pesi welter Pisa 2001). Ma del giro fanno parte anche altri atleti. Che nel circuito sono ben più conosciuti. Amati o detestati. Ma sono nomi che non lasciano indifferenti. Questi li tiro fuori io, chiedendo ad Alberton che cosa ne pensa. "Sono tutti amici, ognuno ha la sua storia, il suo percorso." Iniziamo da Alex Celotto, detto "Kamikaze". Alberton è stato suo allenatore e manager. Lo conosce e lo segue da una vita, parlano la stessa lingua, hanno le stesse idee. Insieme hanno lanciato Ghetto Fighting System: organizzano lezioni private, masterclass, seminari. Il simbolo sono una pistola e un coltello incrociati. Agli allievi, Alberton e Celotto chiedono: "Hai mai visto lo sguardo di chi ti vuol far male? Pensaci. Hai mai sentito un crack? Per colpi subiti? Pensaci. Hai mai pensato che puoi trovare non uno ma dieci che ti vogliono far male? Pensaci. Hai mai pensato che la strada non è la palestra? Pensaci. Hai mai pensato che di fronte a un coltello le percentuali di farsi tagliare sono al 99 per cento? Pensaci. Bene, alla fine pensa sempre dove e con chi ti alleni affrontando la tematica STRADA".

Eh sì, la tematica strada. Perché, spiegano Celotto e "Master Clode", "la palestra si trasferisce in strada e la strada si trasferisce in palestra". Un gioco di parole che, scrivono, "è sintomatico per descrivere una linea di pensiero e di condotta che seguiremo nel proporre il programma". Ghetto Fighting System nasce dall'"esperienza maturata in anni di sport da combattimento come operatori della sicurezza e guardie del corpo, esperienza che ci ha permesso di creare un sistema molto efficace sul piano della prevenzione in situazioni di pericolo".

Il socio di Alberton è il "Kamikaze" Celotto. Savonese, classe '78, ha iniziato a combattere a tredici anni (kung fu vietnamita). È passato dal muay thai alla boxe e poi è approdato alle Mma. Centoventisette incontri, poi il ritiro e un ultimo match (da ritirato) il 28 maggio 2016 contro Carlo Raspatelli. Dove? A "Wolf of the ring", l'evento organizzato dall'omonima branca dei neonazi di Lealtà Azione. Celotto è un fighter senza compromessi. Anche fuori dal ring, come vedrete tra poco. Ha mezza faccia decorata da un tatuaggio maori, sulla coscia destra trova posto, fra altri disegni e scritte, l'aquila con la svastica nazista, e sull'addome c'è il busto di Adolf Hitler. Oggi il "Kamikaze" ha un suo team (Celotto valetudo, Mma e Bjj – acronimo di brazilian jiu jitsu). Lo contatto telefonicamente al numero di cellulare che pubblica sulla pagina Facebook dove si offre per lezioni private a pagamento (pacchetti da dieci o venti lezioni: da cinquecento a mille euro). Mi presento: "Buongiorno Celotto". Risposta: "Ciao, ho già visto i tuoi articoli in giro. Puoi andare tranquillamente affanculo. Ammazzati!". Un signore d'altri tempi. Non mi faccio scoraggiare. Provo a far mio uno dei motti della Asd Combat University of fighting, una citazione di Winston Churchill: "Il successo non è definitivo, il fallimento non è fatale: ciò che conta è il coraggio di andare avanti". Torno da Claudio Alberton. "Master Clode" me lo aveva anticipato che, se si parla di collegamenti tra sport e politica con Celotto, il "Kamikaze", diciamo, sfugge. Ognuno ha il suo stile. È che poi ti dicono che la politica non c'entra, che i tatuaggi sono una storia a parte, che lo sport è sport, che le regole e il rispetto sono sacre e tutta sta specie di farsa. Alberton è un altro duro. Però, per esperienza – forse perché in una fase più avanzata del percorso –, ha imparato a stondare gli angoli. Si capisce che, almeno fuori dal ring, ha scollinato la fase della ruvidità. Mi dice che sta scrivendo un libro sulla sua vita borderline. L'opera si intitola *Volevo essere un balordo: storie di sport e di strada*.

"Gli anni ottanta, novanta e duemila li ho vissuti molto, sia nello sport che nella strada. Questo mi ha aiutato ad avere il carattere tosto che ho ora, e mi ha insegnato a non farmi mettere i piedi in testa da nessuno. Nessuno me li ha mai messi in strada, e tanto meno nessuno me li metterà in testa nello sport. Quello che insegno ai ragazzi è avere un carattere forte, inflessibile. Sei sul ring quello che sei nella vita." Mi interessa sapere se il duce sulla gamba e le scritte fasciste che si è fatto tatuare non gli hanno mai creato problemi. Nelle gare, soprattutto. "No, li ho fatti apposta qui sulle cosce, così con i pantaloncini rimangono coperti." Sorride. Tecnicamente, quello dei tatuaggi fascisti è un tema non secondario.

Tra i gladiatori delle Mma ci sono molti camerati. È un fenomeno riconosciuto dagli stessi operatori. E siccome le Mma – come mi dirà Fabio Ciolli, fondatore e titolare del network Hung Mun che ha base a Roma – sono oggi lo "sport con la crescita economica più alta", vale la pena esplorare ancora un po' questo mondo. Un mondo complesso, fatto di tante facce e tante storie, non tutte uguali ovviamente. Un mondo che il sociologo Alessandro Dal Lago, nel suo saggio *Il senso della brutalità*, associa alla "cultura contemporanea che – soprattutto in America e in Europa – è fondamentalmente militare e dunque promuove o facilita sport come le Mma". Discipline che "hanno a che fare con la cultura della guerra", il cui stile "è basato sulla legittimazione degli incontri di strada". È un mondo estremo. Ma allo stesso tempo, ti dicono, disciplinato. Chi sgarra è fuori. O almeno dovrebbe essere così. E chi esibisce sul ring simboli nazifascisti? In Italia l'apologia del fascismo è vietata, è un reato. Eppure.

Il ragazzo bianco

Decido di cercare uno degli atleti italiani, oggi anche maestro, più coinvolti da questo tema. Per la sua storia. Per il suo profilo. Si chiama Matteo Minonzio, ha quarantasette anni, è nato a Milano e cresciuto a Varese. Da anni vive a Funo di Argelato, in provincia di Bologna, dove ha una palestra, la MM Academy. Lo chiamano "White guy", il ragazzo bianco. Sulla schiena ha tatuate l'aquila delle SS naziste e una croce celtica. Sul braccio destro la scritta MAI VILE, MAI SPIA e la data di fondazione di Bononia romana: il 524 a.C. Minonzio, pregiudicato, è uno di quelli che sono stati "bannati" dalle tv: niente immagini televisive per un suo match. È stato escluso anche dal violento calcio fiorentino, che ha praticato per anni nella squadra dei Bianchi di Santo Spirito. Escluso prima per i suoi tatuaggi, e poi, nel 2014, sulla base di una regola introdotta dalla giunta del sindaco di Firenze Nardella che ha vietato ai "non fiorentini", o comunque a chi non risiede a Firenze, la possibilità di partecipare all'antica e rude competizione popolare del calcio sulla sabbia. "È una decisione che considero assurda. Io abito a pochi chilometri da Firenze. Non sono straniero, sono italiano. Perché un albanese o un marocchino possono partecipare e io no?"

Minonzio, a differenza di Alex Celotto, accetta di parlare. Gli chiedo quanta estrema destra c'è oggi negli sport da combattimento. E quanto affascina i ragazzi. "Non lo so. A me l'ideologia nello sport non interessa. Io ho le mie idee e non le ho mai nascoste, e ho accettato di pagare per questo. A me di un atleta importa solo capire se è bravo a combattere o no. Se viene uno che ha idee diverse dalle mie ma è bravo lo prendo uguale, eh... Preferisco portare sul ring uno che non la pensa come me ma è un guerriero piuttosto di uno che la pensa come me ma non è all'altezza. E poi durante gli allenamenti io non parlo mai di politica." Ricordo a "White guy" che la politica, l'ideologia nazifascista, il razzismo, la violenza ultrà hanno scandito la sua vita: anche quella sportiva, inevitabilmente. Per via di quei simboli esibiti sul ring. Le cronache hanno visto Minonzio protagonista pure fuori dal quadrato. Nel 2007 finisce in un'inchiesta con cui la procura di Bologna smantella una cellula di naziskin. Del gruppo, insieme al "ragazzo bianco", fanno parte altri nomi noti dell'estremismo nero italiano: Fabio Carlini, Alessandro Carapezzi e Alessandro Limido, leader della nazionalsocialista Comunità militante dei dodici raggi di Varese (indagata dalla procura di Busto Arsizio per tentata ricostruzione del Partito fascista. Oggi le indagini sono concluse e si è in attesa di conoscere le determinazioni del pubblico ministero).

Le teste rasate pestano immigrati nordafricani e cercano di prendere in mano la curva del Bologna. La Digos e i Ros stanno dietro alla squadraccia nera per mesi, la intercettano: nei loro deliri impastati di odio e nostalgismo i naziskin sognano di vedere "il mondo bianco alleato sotto un'unica bandiera" e gente "bella, bianca e cattolica", che non ha paura di "darsi", ovvero di picchiare i "tunni" (tunisini) e i marocchini, "negri di m.", e "partigiani", omosessuali, diversi e tifoserie nemiche. Un piano folle per dimostrare che "l'orgoglio naziskin è ancora nelle strade". Anello di congiunzione dell'organizzazione di estrema destra con gli ultrà del Bologna – gli Ultras felsinei Bologna patria nostra, gruppo che aspirava a rimpiazzare i Mods sugli spalti del Dall'Ara dopo il loro scioglimento – era proprio l'allora trentacinquenne Minonzio. Che verrà condannato a un anno e quattro mesi. Altra condanna nel 2011: nove mesi di pena (condonata per effetto dell'indulto), stavolta per una rissa tra ultrà del Bologna e del Cesena (nel 2005, autogrill di Cortile San Martino, durante una trasferta). Nel mezzo, anno 2009, c'era stato un nuovo inciampo giudiziario: indagato in una maxinchiesta su sostanze dopanti (al centro dell'indagine del Nas dei carabinieri c'era Marco Verzelli, titolare di diverse palestre nel bolognese ripetutamente coinvolto in vicende di

doping, finito a processo e assolto nel novembre del 2011).
Chi è oggi Minonzio? È cambiato? "Sono ancora un atleta in attività," mi spiega, "combatto nel brazilian jiu jitsu. Ho aperto questa palestra [la MM Academy]. Ho una classe di bambini di dieci anni, una con tanti adolescenti tra i quindici e i diciotto, una di atleti che gareggiano e una di gente sopra i quarant'anni che vuole tenersi in forma. Ai bambini e ai ragazzi insegno la cultura del sacrificio e della fatica. Per fare questo sport non basta avere l'attitudine al combattimento, ci vogliono resistenza e carattere."
Gli chiedo se non pensa che i ragazzini e gli adolescenti che arrivano o vengono portati dai genitori in palestra da lui subiscano il fascino del personaggio: un fighter nazifascista con aquile e croci celtiche tatuate sul corpo. "Non lo so. Io non chiedo quali sono le loro idee. Magari sono uguali alle mie, magari no. Qui gli unici requisiti richiesti sono educazione, rispetto e voglia di allenarsi. Se li hai sei benaccetto, altrimenti no. La politica rimane fuori." E come no.
Fuori dalla palestra, tutt'al più. Ma non dai profili social di Minonzio. Basta scorrere foto e post per farsi un'idea. "White guy" alterna citazioni marziali ("Chi ci credeva sconfitti ci vedrà ancora marciare", "Non esistono belve buone") a spot nostalgici ("Rose rosse per le camicie nere" – foto di Minonzio in giardino accanto a delle rose –, "Vita, amore e guerra"), citazioni dannunziane ("Memento audere semper", un classico fascista) e attacchi antisemiti. Facebook gli blocca la pagina per un mese? Ecco la replica: "Maledetti nasoni senza patria, siete sempre voi. Volete comandare il mondo e non sapete nemmeno gestire un social".
Il 7 agosto 2019 a Roma viene ucciso il capo ultrà della Lazio Fabrizio Piscitelli, "Diabolik", anche lui estremista di destra. Il camerata Minonzio posta una foto della vittima e scrive: "Ogni tanto ci incontrava-

mo a Predappio. Tu che mi dicevi che il mio sport era da matti... Che la terra ti sia lieve. Ci rivedremo nel Valhalla!".

Ogni post di Minonzio è accompagnato dagli stessi emoji: la manina destra tesa, il cuore nero e la bandiera tricolore. Le fotografie di lui, in palestra e non, sono uno spot dell'"uomo forte" tutto muscoli e tatuaggi: i capelli rasati, la faccia rabbiosa. Gli allievi che posano accanto al "Maestro" hanno anche loro croci celtiche e aquile tatuate sul petto. "Il rispetto io me lo sono guadagnato nella gabbia, non coi tatuaggi," dice Minonzio. "Anche questo cerco di trasmettere ai miei ragazzi." A tratti sembra che "White guy" parli sdoppiando se stesso: come se fosse possibile apporre sotto una fotografia una didascalia che spiega l'immagine attraverso un'astrazione che ti allontana da ciò che vede il tuo occhio. "La mia vita è una cosa a parte, quello che penso e che scrivo, le mie idee, di cui vado fiero, i miei punti di riferimento. Me ne assumo la responsabilità." L'ex naziskin, oggi atleta e maestro, dice di non appartenere a nessun gruppo o partito politico (ma si è fatto fotografare indossando i capi di Pivert, il brand di abbigliamento collegato a CasaPound, un marchio di fabbrica per i fascisti del terzo millennio) e sostiene che quello che i suoi atleti fanno fuori dalla palestra non gli interessa. Aggiunge, non sia mai: "Sono di religione cattolica, molto devoto a Gesù Cristo". Un'altra costante dei camerati-combattenti.

Prima di congedarmi domando a Minonzio perché i ragazzi oggi sono così attratti dalle Mma. "Perché sono molto pubblicizzate in tv e sui social, molto più degli altri sport da contatto, tipo pugilato o judo o karate. Oggi il ragazzo non guarda il pugile, guarda direttamente il fighter che combatte nelle gabbie. Un combattimento nelle gabbie è sicuramente più spettacolare di un normale combattimento sul ring. I ragazzi vedono i video sul telefonino e restano incantati: gli atleti delle Mma sono dei personaggi, sono i guerrieri di oggi. Il mito di tanti ragazzi è il guerriero. Vogliono diventare guerrieri. Io, come altri maestri, sono qui per aiutarli. E se anche loro sono fascisti come me, e se si ispirano al mio percorso, buon per loro."

Le rune dei boschi

Dalle strade di Rozzano a una baita nei boschi del Trentino. Dai pugni nelle gabbie a quelli tirati per allenamento nel silenzio della natura, nel suo piccolo regno di Ondertol, una frazioncina di Folgaria, dove i muscoli insegna a scolpirli sollevando tronchi, spostando massi, facendo flessioni sospeso sul crinale di una cascata, e dove lui, il picchiatore spirituale, pratica ogni giorno la filosofia che è diventata il perno della sua vita. Sua e di sua moglie, fighter pure lei. Pluripremiata. La filosofia è la meditazione sulle rune. Le rune della mitologia celtica e poi nazista. Le rune che lui chiama "sussurri", perché – dice – è questo il loro vero significato. Le rune che ha tatuate sulle dita delle mani come fossero cicatrici di guerra o di vita.

Davide Morini, milanese, quarantatré anni. I capelli rasati, la stessa barba lunga e incolta di Kratos, nome che in greco vuol dire "forza, vigore, robustezza, potenza". Kratos è un personaggio immaginario, l'eroe protagonista della serie videoludica *God of War*. È a Kratos che si ispira Morini, e Kratos si chiama il metodo di allenamento che ha ideato. Consiste nel "combattimento rituale a mani nude, le Mma, il grappling e la difesa personale, con e senza bastone".

Morini da atleta si è trasformato in una specie di guru, un maestro della lotta abbinata al potere della mente. Ai suoi allievi insegna a battersi ottimizzando "le tecniche di respirazione e concentrazione": botte e yoga, pugni e meditazione. Un'alchimia particolare. È una visione un po' ancestrale del duello, quella di Kratos, e la base di tutto, secondo Morini, sono "il contatto e l'ascolto della madre terra". Da qui la scelta di lasciare il caos della metropoli e rifugiarsi nella quiete del Trentino. Un luogo – racconta – "dove ti misuri per quello che sei, perché sei solo con la natura. La via del guerriero non conosce sconfitta. Chi si mette in discussione e vuole conoscere i propri limiti sta già imparando a superare il semplicistico concetto di vincere o perdere". Ancora la figura del guerriero, l'uomo che sfida se stesso e si batte per vincere. Del bosco di Morini e dei raduni a cui prende parte in veste di trainer parleremo anche più avanti a proposito di alcuni particolari campi di addestramento ispirati agli antichi rituali pagani ("ma io non ho nessuna ideologia politica, zero"). Intanto restiamo sul personaggio.

È diverso dagli altri fighter italiani. A prescindere dalle sue idee, sembra dotato di un'intelligenza e di un bagaglio esperienziale e culturale atipici per un atleta specializzato nel picchiare. Ed è proprio questa sua diversità, almeno nell'argomentare, che incuriosisce.

Lo contatto nella palestra dove insegna a Rovereto, la Fitness club. Mi chiede che tipo di lavoro sto realizzando e dice che in base a questo deciderà se gli interessa o meno parlarmi. Gli spiego che sto indagando il mondo degli sport da combattimento e i legami con le idee e il mondo dell'estrema destra. Morini mette subito un paletto: "Io non ho nulla a che vedere con la politica. Io seguo un percorso spirituale, che è nobile, a differenza del percorso che segue la politica". Aggiunge che anni fa gli è già capitato di essere associato ("impropriamente") al nazismo e che "ci sono cascato, forse perché ero più giovane, forse per narcisismo. Oggi non ne ho bisogno, non mi interessa". Al nazismo è stato associato per i suoi rituali di meditazione sulle rune, la sua passione. Che lui "scollega" subito dai rimandi politici. "Il nazionalsocialismo," mi dice, "ha fatto un disastro sia per quanto riguarda la svastica sia per quanto riguarda le rune. Per dire: la svastica in India è il simbolo sacro dello yoga che io seguo. Dopodiché è evidente che se uno si tatua una svastica sul braccio non lo fa perché è un appassionato di yoga..."

Prima di sentire Morini mi sono studiato il suo metodo Kratos, ho visitato il suo sito, aperto le finestre che compaiono sul portale, ascoltato alcune sue interviste a riviste e blog di settore. Dichiarazioni rilasciate prima e dopo gli incontri di Mma, o fuori dal ring. Il guerriero spirituale inizia a praticare arti marziali a dodici anni con il karate shotokan, poi passa alla kickboxing (più precisamente al point fighting) e allo yoseikan budo. Diventa campione del mondo in queste ultime discipline. Dopodiché approda alle Mma: dieci anni di gabbia. Infine il percorso vira sull'insegnamento. La massima campeggia in home page sul sito: "La via del guerriero non conosce sconfitta". Accanto, due link: uno riconduce alla palestra Fitness club, l'altro – più interessante – all'associazione culturale e casa editrice Polemos.

Polemos è un'etichetta sovranista ed etnonazionalista che pubblicizza, tra gli altri, i libri del filosofo postnazista Aleksandr Dugin, guru di Putin, vicino all'estrema destra europea (anche italiana: è stato ospite a iniziative di CasaPound e di altri gruppi neri) e che compare in più occasioni a fianco dello sherpa leghista Gianluca Savoini, protagonista di Moscopoli, lo scandalo che ha coinvolto la Lega (la trattativa che avrebbe fatto confluire nel partito di Matteo Salvini sessantacinque milioni di dollari in cambio dell'acquisto da parte dell'Italia di prodotti petroliferi russi). E poi altri testi, sempre targati Polemos, tra cui lo *Zeitgeist nella lotta delle formazioni claniche*, un impasto di teorie deliranti e di odio contro l'Onu, la "Francia afro-magrebina", la sinistra liberal arcobaleno pro immigrati, la "compagine nazarena capeggiata da papa Bergoglio che sdogana la pedofilia", l'"ideologia gender-fluid", il "turismo sessuale di cooperanti e Ong". Tutti "nemici" da combattere, "blocchi" contro i quali si invoca il "risveglio della Forza" e il "ritorno all'Origine".

Fa una certa impressione leggere i concetti spiegati nel link intitolato *La ragione della forza*, anche questo contenuto nella sezione "Polemos" che trova spazio nella pagina di Morini. "Le mezze misure," è scritto, "non possono essere d'aiuto. Dobbiamo andare in profondità alle radici remote e tranciarle via, sino alla più infima fibra. Noi dobbiamo, come la Natura, essere duri, crudeli, implacabili." E ancora, riferito al rapporto uomo-donna e alla concezione della figura femminile: "In una Società naturale e ragionevole, i maschi più vigorosi dovrebbero possedere Proprietà e Potere. Conseguentemente (secondo le leggi dell'attrazione sessuale) dovrebbero anche prendere possesso e impregnare le migliori e più attraenti tra le femmine; lasciando così 'le portatrici di ovuli' residue alla fecondazione da parte dei maschi meno vigorosi".

Il "runologo" Morini prova a dissociarsi da quelle frasi di puro delirio razzista e sessista, intrise di tracotanza machista. Mi dice che Polemos – presente con il simbolo nel suo sito di "guerriero" – gli ha fatto un'intervista tempo fa, "ma non li conosco, io non so chi siano questi signori". Già. Però nel dicembre 2019 il link campeggia ancora in home page, fisso e in bella evidenza, accanto al programma dei corsi di allenamento. Come se fosse parte di un progetto più ampio e complesso delle sedute con metodo Kratos. Morini mi spiega che a lui interessa soltanto una cosa: portare avanti la filosofia dei pugni e della mente. Vuole divulgarla, spiegarla ai ragazzi che si allenano con lui, fornire loro un'arma psicologica e formativa che è una dottrina e un modo di vivere. La sua palestra è il bosco.

Addestrare uomini. Forgiare combattenti. Guerrieri che trovano la loro forza e la loro potenza nella natura. Morini ai ragazzi la spiega così: "Io credo nel fatto che bisogna darsi un codice. L'arte marziale se insegnata da un 'Uomo', nel senso più pieno del termine, ti indottrina a un codice da seguire e da rispettare per rendere onore al cammino che si sta conducendo su questa terra e in questo tempo. Un artista marziale è colui che segue questo insegnamento con disciplina e passione […] ma oltre l'arte marziale ce ne sono altri altrettanto validi".

Per i giovani che segue nella palestra di via Trieste a Rovereto, e quelli che partecipano alle sessioni di allenamento nel bosco, Morini è il "Maestro", il guru. Il "lupo" che è uscito dalla gabbia (nelle Mma, come detto, si combatte dentro una gabbia) per ritornare nella foresta alpina. Esplicativo il video in cui si racconta. Un video ambientato fra i boschi e i fiumi di Folgaria dove i lupi ci sono davvero, quelli a quattro zampe; e la zampa, infatti, è il simbolo di Morini e di Kratos. L'ha fatta incidere su dei tondi di legno; con una corda diventano medaglie che vengono assegnate a chi vince le sfide dei camp dei lottatori. Una gratificazione ulteriore dopo questi raduni selvatici che sembrano corsi di sopravvivenza: le notti passate all'addiaccio ("senza l'utilizzo di tende, in qualsiasi stagione o condizione climatica"), le scalate sulla roccia, gli allenamenti durissimi. "Vengono organizzati quattro raduni fissi all'anno," spiega Morini, "in occasione degli equinozi e dei solstizi." Non poteva mancare la tradizione nordica dei solstizi, cara ai nazisti e mutuata a partire dagli anni settanta da quasi tutte le organizzazioni nazionalsocialiste in Europa (in Italia è un classico dei neonazisti della Comunità militante dei dodici raggi di Varese). Sono i rituali intorno al fuoco, per "onorare la ciclicità della natura": Morini li descrive così, sottolineando che i "raduni" delle rune sono "un'esperienza dove vivere pienamente l'ascolto del bosco cercando di percepirne il lato magico".

Sembra un'affascinante rappresentazione bucolica. Ma la cornice dentro la quale si muove Morini – i riferimenti, i simboli, i gruppi, i rimandi letterari, i link alle pubblicazioni razziste, sessiste e nazionaliste (il "ritorno alla Tradizione e alla Forza") – rischia di conferire al soggetto del quadro colori diversi.

Morini pare uno dei maestri thailandesi del muay thai: una figura ieratica, che l'allievo rispetta con devozione quasi religiosa. Per trasmettere la "magia" e il senso dei suoi insegnamenti usa un codice a metà tra il mito del guerriero, la seducente oratoria della guida spirituale e i toni decisi del combattente marziale – ora trainer – che ha calcato i tappeti dentro le gabbie.

Sentite cosa dice nel video promo (le sue parole sono introdotte da un rullo tribale di tamburi): "Quello che un coach o un maestro possono insegnare è la tecnica, la pratica, tutto quello che può essere tastabile. La sensazione non può essere insegnata. Quando faccio i miei stage cerco di passare il mio punto di vista sulle arti marziali e gli sport da combattimento. Non è tanto quante tecniche conosci che ti porta a essere un campione. Faccio sempre questo esempio. Una casa è fatta di mattoni. Le tecniche sono i mattoni. Ma in realtà è quello che sta in mezzo che tiene su la struttura".

Qui si inizia a entrare nella mistica naturale. "Nelle arti marziali," spiega Morini, "c'è una porta misteriosa, è quella che mi piace, quella legata all'energia. Ognuno è in cerca del suo spazio nel mondo, e il mio spazio nel mondo era identificarmi nel concetto del combattente. L'arte marziale è stata un mezzo per avvicinarmi a quello che per me era un mito: la figura del guerriero." Nel video c'è Morini con le gambe incrociate come un capo indiano, davanti a un fuoco, con in mano un bastone tenuto in posizione verticale. "Il combattimento è un mezzo fondamentale per arrivare a conoscere se stessi. Quando sei di fronte a un avversario che ti vuole picchiare, sei in una situazione emotiva unica: solo in quel momento ti metti a confronto con determinate sensazioni, con determinate paure."

Allenare il fisico. Scolpirlo. Prepararsi al combattimento. Ma non per la vittoria in sé. "Per me non è importante cercare risultati che pompano il tuo ego, la tua ambizione. Per me è importante il mio stato di benessere, di serenità, di completezza. Questo non l'ho mai ottenuto vincendo le gare. Perché dopo che hai vinto, tutto va a cadere. Il periodo più bello, quello dell'equilibrio e della pienezza, è quello in cui ti prepari all'incontro."

Negli ultimi anni sono decine i ragazzi che si sono iscritti ai corsi di Morini e della moglie. "Ti formi una personalità, trovi te stesso, il tuo centro," dice.

È come se, per andare in pari con l'esaltazione del combattimento e quindi della fisicità e della potenza del corpo, Morini volesse porre l'accento anche sull'aspetto mentale, sull'introspezione. Altro frame del video: tra lo scroscio dell'acqua di una sorgente e lo scoppiettio della legna che arde, il "guerriero" continua a catechizzare i suoi allievi. Ora si avventura in considerazioni filosofiche. Un sentiero che tra poco lo porterà a parlare delle rune, le sue stelle polari. I simboli che ha tatuati sulle nocche delle dita. "Sento il bisogno per me stesso di ritrovare quel lato sottile che questo tempo ha nascosto. Mi sono sempre interessato di filosofia e di culture antiche. In particolare la cultura nordica, scandinava e celtica. La runa è un antico linguaggio di cui ormai nessuno più parla. E di cui è rimasto molto poco da poter studiare. Quello che si chiama la meditazione sulle rune [...] e la fonetica e il mantra di quella runa."

Il bosco e le rune sono il mondo del picchiatore che riflette e medita. "Questa sorta di riequilibrio che c'è nel bosco, lo stato di quiete e di silenzio aiuta sicuramente quell'atto meditativo e di introspezione nella pratica della meditazione delle rune. Una volta però che hai compreso le cose, quando sei centrato ed equilibrato, nel bosco, in città, in paese o in discoteca, non cambia più niente. [...] Potrei dire che ventiquattr'ore al giorno il mio pensiero è verso questa cosa. La mia pratica quotidiana è appunto entrare nel bosco e fare la meditazione su questi simboli sacri a cui io do molta importanza. Pronunciandoli, e quindi con la fonetica, e atteggiando il mio corpo nella forma della runa." Quei segni che comunemente vengono associati alla simbologia nazista, e che dal pre-nazionalsocialismo a oggi vengono utilizzati da partiti e formazioni di estrema destra, per Morini sono altro. Così dice: "Ogni runa, se bene interpretata, e se si riesce a trascendere e a entrare in profonda introspezione, ti può dare chiarezza su dei percorsi introspettivi che stai conducendo".

Trascendere. Introspezione. Sussurri. Botte a mani nude in mezzo agli alberi. Cosa c'è dietro il combattimento "meditativo" di Davide Morini, che passa dalle gabbie allo yoga e rifiuta di essere etichettato tra i fighter che si ispirano a simboli e idee nostalgiche? Lo ritroveremo tra poco, Morini. Sempre nel bosco. Ma non più da solo. Prima di risalire in Trentino facciamo un penultimo passaggio sui ring dei "cuccioli". A Roma. La Roma nera di CasaPound, di Forza nuova, di Militia, di Rivolta nazionale, dei nipotini dei Nuclei armati rivoluzionari (Nar) e dei camerati da stadio – la curva Nord laziale e la Sud romanista –, la Roma di Massimo Carminati e di Fabrizio "Diabolik" Piscitelli, di Maurizio Boccacci. Di quelli che dicono "Eravamo, siamo e saremo fascisti". La Roma già dei Forconi e oggi dei Fratelli d'Italia di Giorgia Meloni. La Roma della Lega nazionalista, che da Pontida si è trasferita nella capitale d'Italia per chiamare a raccolta il popolo dell'"Orgoglio italiano". La Roma dei sovranisti e dei "fascisti", come li ha chiamati Berlusconi a fine settembre 2019 ("Lega e fascisti sono in parlamento grazie a noi," ha chiosato il leader di Forza Italia). La Roma della politica, dove hanno sede i vertici delle federazioni degli sport da combattimento: pugilato, grappling, muay thai, Mma. Lì tornerò a bussare per chiedere spiegazioni sui "pugni neri" e sulla loro compatibilità con il Coni, sullo sport usato a fini politici dai gruppi neofascisti, sul rischio emulazione per le nuove generazioni che salgono sul ring o entrano nella gabbia.

La tana dei cavalieri

I corsi per i bambini iniziano a metà pomeriggio. Due gruppi: uno per i "kids", dai quattro ai sette anni, l'altro per quelli dagli otto ai tredici anni. "Fanno propedeutica: giochi di ruolo e di abilità fisiche. Cerchiamo di dotarli di più schemi motori possibili," mi spiega con tono professionale Fabio Ciolli, quarantatré anni, direttore tecnico della nazionale italiana della Figmma (Federazione italiana grappling Mma). "I bambini iniziano a fare tecnica vera e propria a tredici anni, ma senza colpi sul viso. I minorenni non possono ricevere percussioni sul viso." La palestra Hung Mun, Roma nord, è una mecca dello sport da combattimento nella capitale. È stata più volte accostata a CasaPound, per tre motivi. Primo: fino a poco tempo fa era sponsorizzata dal brand di abbigliamento Pivert (di proprietà del dirigente pregiudicato di Cpi Francesco Polacchi), indossato da dirigenti e militanti della tartaruga nera. Secondo: Pivert sponsorizzava anche l'atleta punta di diamante della Hung Mun, Alessio Di Chirico, il terzo italiano, dopo Alessio Sakara, anche lui romano, e Ivan Serati, milanese, che lotta nell'Ufc, la principale – americana – organizzazione di Mma a livello mondiale. Terzo: Hung Mun ha partecipato nel 2011 alla "Tana delle tigri", un "contest" di sport da combattimento organizzato dal Circuito – Circolo combattenti (costola di CasaPound per le discipline da ring) all'Area 19, uno spazio comunale un tempo occupato, a Roma. Anche nelle edizioni successive l'evento è stato organizzato in collaborazione con White Rex, un'azienda russa di promozione delle arti marziali miste di proprietà di Denis Nikitin, figura molto conosciuta nel mondo neonazista europeo.

Hung Mun è stata fondata da Ciolli ed è il quartier generale di un network di una ventina di palestre sparse in Italia. Qui a Roma, nella palestra di via Rivarone, ci sono centosessanta iscritti e un team di trenta atleti fra professionisti e dilettanti. "Da noi si fa sport, non politica," continua Ciolli. "Ci si allena, nessuna propaganda. Quelli di CasaPound li conosco ma non abbiamo più collegamenti con loro. Dopodiché, se chi viene qui ha le sue idee, non posso farci niente. Ognuno ha le sue." È un Leitmotiv già sentito questo dell'"ognuno ha le sue idee". Per la serie: se pure una palestra ha tra i suoi frequentatori un numero consistente di soggetti vicini a gruppi di estrema destra, anche giovani e giovanissimi, è bene evitare sillogismi e sovrapensieri. In fondo è il messaggio che mi è stato consegnato anche nelle altre palestre "d'area".

Alla Hung Mun già "marchiata" Pivert c'è un regolamento: "Sono vietati simboli politici e religiosi". Dice il titolare: "Qui non si può fare proselitismo". Ci sarebbe da mettersi d'accordo su che cosa significhi "fare proselitismo". Di solito non è che uno sale sul ring e improvvisa un comizio o prende in mano il megafono mentre fa gli addominali e si mette a cantare *Giovinezza*. Ma se ti fai sponsorizzare da un marchio (Pivert) legato a doppio filo a un movimento neofascista (CasaPound), se partecipi a eventi organizzati da quel movimento, è evidente che un rapporto di connessione si crea.

Obietta Ciolli: "Se CasaPound mi propone di portare degli atleti a combattere a un evento, vicino a casa e davanti a tanti spettatori, non vedo perché non dovrei portarceli. A me interessa l'aspetto sportivo e agonistico, non la politica". Il maestro di Hung Mun usa gli stessi argomenti che avevo iniziato ad assaggiare a Milano coi responsabili di Wolf of the ring/Lealtà Azione. A nessuno, evidentemente, fa comodo portare addosso lo stigma di palestra nera. L'etichetta rischia di pregiudicare occasioni, sponsor, collaborazioni.

Nel 2017 – mi dicono – Hung Mun è stata premiata in Campidoglio per un progetto contro il razzismo. Il suo fondatore tiene a ricordare che ha pure portato avanti un'iniziativa nel carcere di Rebibbia con l'ex Nar Francesca Mambro e con una ex brigatista, una delle carceriere di Aldo Moro. Poi aggiunge: "Io sono buddhista e pratico un'unica forma di razzismo: quello contro la stupidità". Ancora qualche dato. Il 4 agosto 2019 Hung Mun ha portato i suoi baby fighter ai primi campionati mondiali cadetti Immaf (la Federazione internazionale di arti marziali miste) al PalaPellicone di Roma: c'erano duecentottantaquattro atleti da tutto il mondo, fra i tredici e i diciotto anni. Partendo da lì chiedo a Ciolli perché i ragazzini oggi si esaltino per il combattimento. E se, in alcuni casi, questa attrazione non diventi un'anticamera utilizzata da gruppi di estrema destra, come per esempio CasaPound. Mi risponde con un'immagine: "Se all'angolo di una strada ci sono quattro ragazzi che giocano a basket, quattro a baseball, quattro a calcio e quattro che si menano, tutti guarderanno i quattro che si menano". Lui la chiama "esorcizzazione della violenza". "Il nostro sport convoglia l'aggressività insita nell'essere umano. È il motivo," mi spiega, "per cui i genitori mandano i loro figli alla Hung Mun. Quando il bambino è timido o ha difficoltà di inserimento, la lotta aiuta molto. Fa superare limiti, rafforza il carattere, favorisce le amicizie." C'è questa visione che accomuna tutti i maestri di pugni: e cioè che i cazzotti non dividono ma uniscono. E che sono fondamentali per l'educazione e la crescita di una persona. "Una volta al mese, per i più piccoli, organizziamo una seduta di allenamento sul tatami genitori-figli. Tutti insieme. Così i genitori possono condividere e capire da vicino che cosa insegniamo ai bambini." E quando ci si mette di mezzo la politica? Perché Casa-Pound, Forza nuova, Lealtà Azione usano anche il ring o il tatami per educare i ragazzi? "Io penso che sia molto più facile fare proselitismo politico a scuola o nelle curve degli stadi piuttosto che in palestra. Poi è evidente: nel Ventennio fascista lo scontro fisico era considerato importante per la formazione del cittadino. Il maestro che oggi si propone al ragazzo in un certo modo, anche da un punto di vista estetico, simboli, tatuaggi eccetera, è chiaro che lo fa perché punta a un tipo di target. Ma il nostro motto è: 'Non gladiatori, ma cavalieri'. E già da qui si capisce che il mito del gladiatore e della violenza non ci interessa. È come la differenza che passa tra la rissa e il duello. Noi siamo per il duello."

Lo dice anche Alessio Di Chirico, il fighter numero uno della Hung Mun. Laurea in Scienze motorie, faccia da bravo ragazzo e nessun tatuaggio sul corpo. Dice che per lui il combattimento è come un "duello cavalleresco", un momento duro ma "nobile". La narrazione e l'immagine del duello: un classico adottato dai fascisti del terzo millennio. Rolando Mancini, responsabile nazionale di Blocco studentesco, l'organizzazione giovanile di CasaPound, ha più volte raccontato che uno degli slogan delle giovani tartarughe nere è "Legalizziamo il duello". Ai suoi ragazzi spiega pure lui, guarda caso, che "il duello non è la rissa, o gli insulti sui social". Insomma: se le "zecche rosse" dei centri sociali sono per "legalizzare la marijuana", i "fascisti gentili" di CasaPound sono per esaltare la "nobiltà" del duello: non ci si picchia tanto per picchiarsi, ci si picchia perché è "nobile". Una teoria che stride, per usare un eufemismo, con la cinghiamattanza, la moda lanciata dal gruppo musicale di Cpi (gli ZetaZeroAlfa di Gianluca Iannone): sfilarsi la cintura durante i concerti e prendersi a cinghiate ballando. I camerati lo hanno fatto anche il 23 marzo 2019 a Milano in un capannone in zona Rogoredo: duemila partecipanti al concerto per i vent'anni degli Zza, lo stesso giorno del centesimo anniversario dei Fasci italiani di combattimento.

Ma restiamo nelle sale della Hung Mun. Alle parole di Ciolli e del "cavaliere" Di Chirico. Parafrasando lo stesso Ciolli, penso che siano le scelte, e solo quelle, che determinano le persone. Di Chirico sapeva e sa benissimo chi sta dietro il marchio Pivert stampato sui suoi pantaloncini neri da lottatore trasmessi in tv; e a Ciolli, che non disdegna affatto l'insegna Pivert nella sua palestra, non è mai sfuggito che la "Tana delle tigri" – il contest, lo abbiamo visto, organizzato dal Circuito di CasaPound – era un evento marchiato White Rex, la già citata azienda il cui titolare, Denis Nikitin, personaggio di riferimento nel mondo delle arti marziali, degli ultrà e della destra più estrema del Vecchio Continente, attraverso la sua attività commerciale fa propaganda e organizza eventi che creano sintesi e sistema tra estrema destra e sport da contatto pieno. Il motto di Nikitin è "L'Europa rinascerà nel combattimento". Lo ha spiegato nel 2015 in un'intervista al "Primato Nazionale", il periodico cartaceo e digitale di CasaPound.

Può un marchio di abbigliamento sportivo legato alle arti marziali diventare un network che, insieme allo sport, promuove anche un'ideologia? Il caso White Rex – così come quello di Hard Wolf, la linea di abbigliamento sportivo dei "camerati spagnoli" – dimostra che sì, nell'era del sovranismo spinto, nella stagione che vede molti dei partiti e movimenti ultranazionalisti, razzisti e xenofobi europei aderire all'idea di "Eurasia" portata avanti dalla Grande Russia di Putin, è possibile. White Rex su Facebook vende i suoi capi d'abbigliamento con uno slogan che fa rabbrividire: "Abbigliamento russo di qualità per bianchi". Bianchi contro neri. La supremazia della razza bianca nel mondo. La stessa ideologia impastata d'odio degli hammerskin di Lealtà Azione.

Direttamente o indirettamente, il circuito di atleti e la galassia di associazioni che aderiscono a White Rex appoggia la visione portata avanti da Nikitin: l'orgoglio paneuropeo e i valori tradizionali. Il messaggio è questo: gli europei, in sostanza, devono abbracciare lo spirito guerriero dei loro avi e combattere contro il mondo moderno che è infestato da immigrati, gente di altre razze, gay, islamici, minoranze etniche. Basta farsi un giro in rete per capire la tipologia dei raduni sportivi White Rex: accanto al simbolo dell'organizzazione – dove compare la ruota del sole dell'antica Jugoslavia che somiglia alla svastica – compaiono croci celtiche e naziste, svastiche, simboli runici. Le competizioni vedono sfidarsi atleti di Mma, crossfit, lotta, grappling, brazilian jiu jitsu. E sono organizzate quasi sempre in partnership con sigle dell'ultradestra. Di prassi c'è un'associazione sportiva a fare da cerniera. È funzionato così anche con CasaPound. Ecco perché la "Tana delle tigri", seguendo il protocollo White Rex, come tutti gli altri contest diventa qualcosa di più e di diverso da una normale competizione sportiva.

Che cos'è un evento White Rex? A che cosa serve oltre che a far combattere gli atleti? Lo spiega sempre Denis Nikitin nell'intervista al "Primato Nazionale": "Durante questi eventi emergono conversazioni su tutti gli argomenti possibili. Le persone si avvicinano tra loro e fanno domande sulle situazioni locali, si scambiano opinioni". Lo sport esce dal ring e diventa qualcosa di diverso. Si trasforma in ideologia pura, dove l'atletismo e il mito dell'uomo forte – da sempre

modello di ogni regime – prendono il sopravvento. È questa la logica con cui opera il network russo. In pratica, chi prende parte o assiste ai tornei di White Rex, organizzati in tutta Europa, Italia compresa, si riconosce in una comunità il cui cemento sono i valori della tradizione e l'odio verso il "diverso".
L'esplosione delle Mma coincide con il ritorno dell'Occidente a politiche sempre più autoritarie. Un caso? No, ancora secondo Alessandro Dal Lago: "Le culture politiche che esaltano la violenza individuale sono di destra. È la violenza, dunque, ad attirare la destra verso questo mondo. Questo non significa che debba coincidere con partiti precisi. Ma con un mood culturale prevalente".

Il muro scricchiola

"Ci sono troppi esseri umani che non vogliono ridere, che non riescono a pensare; vogliono soltanto credere, arrabbiarsi, odiare." Non so immaginare che cosa avrebbe scritto Kurt Vonnegut, che nella sua straordinaria opera autobiografica *Mattatoio n. 5* affronta lo spettro del ricordo del terribile bombardamento di Dresda, di questo nostro tempo ostile e della sua insensatezza. Un tempo di nuovo rancoroso, duro, cupo. Con un conflitto perenne che striscia come una razza sul fondale della società. La guerra tra gli ultimi e i penultimi, la linea retta dell'esistenza che diventa una riga spezzettata perché qualcuno vuole così. Il nemico da combattere. Ogni volta sempre uno.
Nel periodo passato a illuminare il lato più oscuro dell'educazione del "giovane fascista" il pensiero di Vonnegut sugli esseri umani che vogliono soltanto "credere, arrabbiarsi, odiare" non mi molla nemmeno un attimo. "Credere, arrabbiarsi, odiare" è una straordinaria variazione del fascista "credere, obbedire, combattere": e vincere, come ha detto uno degli

interlocutori che ho intervistato. Sembra un gioco di parole. Forse non solo di parole. E certamente qui non è un gioco. In realtà credo che la profondità rivelata da Vonnegut cada a pennello per il mondo borderline dei combattimenti, non solo inquinato, ma in molti casi, come abbiamo visto, infiltrato dall'estrema destra.

Al numero civico 109 di viale Val Padana a Roma c'è la sede della Figmma, la Federazione italiana grappling mixed martial arts. È il naturale capolinea di questa prima parte del nostro viaggio. In un palazzo anni sessanta della periferia della capitale trovo l'ultima testimonianza di cui ho bisogno: il pezzo mancante, il tassello decisivo del mosaico. Un'inchiesta non è mai una linea, è sempre un cerchio. Anzi, una somma di cerchi, uno dentro l'altro. Soprattutto quando l'inchiesta è fatta di voci, storie, racconti, analisi. Per completare questo cerchio, e per provare a trovare una spiegazione a questa specie di strano precipizio che ho raccontato, devo raccogliere la voce ufficiale più autorevole, in Italia, del mondo che ho attraversato.

Saverio Longo è il presidente della Figmma. Cinquant'anni, avvocato, ex carabiniere paracadutista. Ha lavorato in polizia e pratica arti marziali da quando aveva quattordici anni. Ha iniziato col Judo. Oggi, con un ricco palmares di trofei all'attivo, insegna grappling e Mma nella società sportiva Fight Clan Roma, in piazza Monte Baldo 14: la palestra si chiama Universal Gym. Esordisce così: "Io contro questi [gruppi neofascisti] sto facendo un muro contro muro. Dal 2009, quando ho preso in mano la Federazione". La domanda è quella che non posso non fargli per prima. Com'è possibile che l'estrema destra cerchi di prendersi pezzi del loro mondo – suo e di migliaia di atleti, palestre, associazioni, circoli –, partendo addirittura dai giovani e dai giovanissimi? Longo sospira: "Faccio una premessa, lo scriva pure: io que-

sti gruppi li detesto. La scorsa estate come Figmma – e cioè l'unica federazione italiana che opera sotto il controllo del Coni [attraverso le federazioni Fijlkam e Fiwuk] – abbiamo inserito nella pagina federale una norma con la quale condanniamo e vietiamo ogni forma di estremismo politico, di razzismo, di discriminazione di qualsiasi tipo, etnica, sessuale, religiosa. Sto facendo una battaglia ferrea contro i tentativi continui da parte di questi partiti e movimenti di infiltrare il nostro sport. Ci sono tanti estremisti di destra che praticano le Mma, il grappling, il brazilian jiu jitsu: non posso impedirglielo, ovviamente. Come non posso impedire a nessuno di tatuarsi una svastica o una croce celtica sul braccio o su una gamba. Ma sul sito Internet della Immaf – la Federazione internazionale delle Mma – ho espresso tutto il mio orrore e ho ricordato che lo statuto e il codice di condotta della Immaf-Wmmaa condannano fermamente qualsiasi tipo di discriminazione e di violenza criminale".
"Alcune organizzazioni politiche estremiste," aggiunge Longo, "spesso cercano di convogliare in modo opportunistico l'esuberanza giovanile. L'estremismo di destra insegna a sopraffare i più deboli. Le Mma insegnano ad aiutare e a difendere i più deboli. Per questo, dal mio punto di vista, l'estremismo di destra è antitetico alle Mma. Non tollereremo nessun comportamento che possa portare ad accostare le Mma a ideologie razziste e nazifasciste. La comunità italiana delle Mma ha gli anticorpi necessari per difendersi dal cancro dell'estremismo. Anche in uno stato che, purtroppo, permette ai neofascisti di candidarsi alle elezioni politiche e di occupare impunemente stabili pubblici."

Diecimila atleti praticanti. La metà sotto i diciotto anni. Centonovantadue società sportive affiliate. Tremilaottocento atleti tesserati. Sono i numeri della Figmma. Ma la comunità italiana degli sport da combattimento è molto più estesa. Perché anche qui, come nel muay thai, la galassia è ben più vasta ed è fatta di altre associazioni, di pseudofederazioni che spuntano come funghi, di sigle che si mettono sul mercato florido e commercialmente allettante degli eventi dove due uomini entrano in una gabbia e iniziano a pestarsi. Con una stima per difetto, parlando con altri addetti ai lavori, è ragionevole calcolare che i numeri della Federazione si quintuplichino, per non dire di più. È anche e soprattutto in questo sottobosco che agiscono i gruppi politici.

Cito a Longo casi di associazioni, circoli e atleti che usano lo sport e le gare per fare propaganda. Gli faccio i nomi di Alex "Kamikaze" Celotto, il fighter che ha la svastica e il busto di Hitler tatuati su coscia e addome, di Matteo Minonzio, aquila nazista e croce celtica sulla schiena, di Di Chirico, sponsorizzato da CasaPound attraverso Pivert, di Claudio Alberton, di Matteo Morini e degli altri di cui mi sono occupato. Delle loro palestre, del loro giro di atleti e allievi, anche giovanissimi. "Alcuni di questi sono atleti professionisti che da noi e con noi non combattono," precisa il presidente della Figmma. "La Federazione ha un regolamento, gliel'ho detto. Noi tra l'altro ci occupiamo più del dilettantismo che del professionismo. Celotto da noi non entra. Se mi mandano una locandina di Celotto con la svastica sa cosa faccio? La cestino." Domanda: "Scusi, ok il regolamento, ok la norma. Ma concretamente, la Federazione può evitare il tesseramento di queste squadre o associazioni dietro le quali si fa propaganda e si usa lo sport come strumento politico?". La risposta di Longo è onesta, ma fa scricchiolare il muro: "Se un'associazione dilettantistica si presenta con tutte le carte in regola, cioè con lo statuto dove non c'è nessun accenno o connessione con gruppi o contenuti politici, io devo seguire le regole: e la devo tesserare".

Longo combatterà pure, ma le sue parole suonano come una resa involontaria. È il solito baco italiano.

Tutti sanno e nessuno sa. Ne è pienamente consapevole anche il presidente della Federazione: "Quale associazione metterà nel suo statuto che è di estrema destra o razzista o altro?". E quindi, bisogna dedurre che la diga è una fetta di groviera? "No. Abbiamo una commissione federale che vigila sui comportamenti e sul rispetto del nostro regolamento. Chi sgarra è fuori." Già. Intanto ci sono migliaia di bambini e adolescenti affascinati dalle Mma, da questo mondo in crescita ascensionale ma che avrebbe bisogno di più regole e di un radicale, efficace contrasto a ogni forma di politicizzazione da parte dei gruppi fascisti. "Rispetto a dieci anni fa, oggi è molto meglio," mi dice Longo. "Abbiamo fatto un po' di piazza pulita. Certo, è un problema e lo combattiamo ogni giorno. Però mi creda, questo sport per gli adolescenti è eccezionale. È formativo, è educativo. I bambini all'asilo fanno la lotta. È una cosa sana. Sbagliano le mamme a fermarli quando lottano. Noi invogliamo gli adolescenti a venire in palestra. Si sfogano, canalizzano l'energia e l'aggressività. Che non deve essere castrata, altrimenti è peggio. Tra i dodici e i diciotto anni hai il fuoco dentro, hai bisogno di uno sfogo fisico: e quello del combattimento è il più completo. Il problema è chi propone una visione mussoliniana di questo sport meraviglioso. Nel Ventennio fascista si esaltava la fisicità, la forza, veniva inculcata nel cittadino la visione del superuomo, e chi era debole non veniva considerato all'altezza. Tutta roba lontanissima da me e dall'impostazione che ho cercato di dare alla Federazione. È una lotta dura, ma la combatto ogni giorno e continuerò a farlo."

Circuito tartaruga

Il loro slogan è: "La paura appartiene alle prede, state pronti!". Sottinteso: le prede stanno là fuori,

fuori dalla gabbia, fuori dal "circuito". Poi di slogan ne hanno coniati altri. Per ricordare l'anniversario della morte di Primo Carnera hanno tappezzato le città di striscioni con la scritta: 29/06/1967 ONORE A PRIMO CARNERA CAMPIONE DEL MONDO IN CAMICIA NERA. E ancora: PRIMO CARNERA LA MONTAGNA CHE CAMMINA. Sono solo alcuni dei "timbri" stampati sui social e sui muri dai camerati del Circuito – Circolo combattenti. È la sigla di CasaPound che raccoglie militanti e simpatizzanti che praticano gli sport da combattimento. Boxe, muay thai, Mma, grappling, K1, close combat. Come nei casi già visti di Lealtà Azione e di Forza nuova, anche CasaPound – nella sua ramificazione metapolitica fatta di una ragnatela di sigle e associazioni parallele – ha una sua filiale "da ring".

Il Circuito organizza da anni iniziative sul territorio per avvicinare i giovani alla politica attraverso lo sport. "Allenamenti comunitari", "allenamenti funzionali", stage, dimostrazioni. E, ovviamente, gare. Come appunto la "Tana delle tigri", giunta alla sua undicesima edizione. Negli ultimi anni il Circuito ha organizzato decine di iniziative in tutta Italia, da Cagliari a Bari, da Roma a Milano: arti marziali nelle palestre affiliate, tatami anche in spiaggia. Per avvicinare i ragazzi agli sport da combattimento, per insegnare l'"arte nobile" del duello. I partner di White Rex accolgono i giovani affascinati dal muay thai e dalle Mma, li incanalano in un percorso dove l'atleta si eleva a guerriero e il guerriero può diventare militante politico. E pensare che il muay thai, da cui sono partito, nasce come arma di un popolo che vuole diventare libero: è una disciplina dove la sacralità e il rispetto per chiunque – a prescindere dalla provenienza, dal sesso, dalla religione – sono dogma imprescindibile. Vedere il muay thai diffuso e strumentalizzato da formazioni politiche che fanno della discriminazione e dell'odio uno dei motori della loro propaganda (CasaPound è sotto inchiesta a Bari per tentata ricostituzione del Partito fascista*; Facebook e Instagram ne hanno chiuso le pagine ritenendo che diffondesse odio, e lo stesso hanno fatto con Forza nuova e altre sigle nere. Il giudice ha poi ristabilito la riapertura della pagina per CasaPound e Facebook l'ha riattivata – è cronaca recente) è una torsione che mi fa pensare. Fin dove si spinge la propaganda neofascista? Colorare di nero i presìdi democratici delle scuole e delle università, gli spazi dei giovani e ora anche il mondo dello sport. In nome di una storia secolare, quella delle arti marziali, che nulla aveva a che fare con il fascismo.

A Viterbo c'è una palestra, Itthipol muay thai camp. Sui social è spiegato che lì si può apprendere il muay thai "sia sotto il profilo Tecnico sia sotto il profilo Spirituale, proprio come in un camp thai". La palestra aderisce al network del Circuito e l'istruttore, Daniele Marinetti, è un militante di CasaPound. La fascinazione per i simboli, le culture antiche, le bandiere: quante volte ho ritrovato e ritroverò questo elemento nell'esplorazione dei luoghi dove si educano i nuovi fascisti? Chi trasmette una disciplina sportiva e vuole indottrinare l'atleta con valori e idee bagaglio della destra radicale sa che il perno sul quale far leva è questo. Perché è quello che sui militanti neofascisti funziona meglio. In quest'ottica "esperienziale", "tattile", Daniele Marinetti organizza viaggi in Thailandia. Porta i suoi ragazzi a frequentare il Sityodtong muay thai camp, a Pattaya, ricordate? I camp thailandesi. Quelli dove i genitori delle periferie povere di Bangkok spediscono i loro ragazzi per cercare di assi-

---

    * La procura ha chiesto il rinvio a giudizio per trentatré persone, tra cui ventotto militanti del movimento. Il processo inizierà il 23 marzo 2020. I fatti si riferiscono all'aggressione del 21 settembre 2019 nel quartiere Libertà di Bari ai danni di manifestanti antifascisti che tornavano da un corteo di protesta contro l'allora ministro degli Interni Matteo Salvini.

curare un futuro alla famiglia. Rieccoli. A Pattaya i militanti di CasaPound affinano le tecniche di combattimento. Poi, nel caso specifico di Viterbo, magari succede che te li ritrovi per strada a pestare.

16 novembre 2014. Una squadraccia fascista irrompe sugli spalti del piccolo campo da calcio di Magliano Romano e comincia a picchiare i sostenitori dell'Ardita San Paolo (nota per la sua identità antifascista e antirazzista) che avrebbe dovuto giocare con la Virtus Magliano (campionato di terza categoria). Gli aggressori sono una ventina, hanno il viso coperto da caschi o passamontagna e brandiscono mazze e bastoni. Dieci tifosi dell'Ardita finiscono in ospedale: ferite alla testa, fratture a braccia e gambe. Per il raid – pianificato a tavolino (gli aggressori arrivano sul posto con cinque auto, su ognuna c'è un militante pronto al volante per ripartire in fretta dopo il pestaggio) – verranno condannati in quattro: tutti di CasaPound. Tra loro c'è anche il candidato sindaco dei fascisti del terzo millennio alle elezioni comunali di Viterbo, Diego Gaglini, ventisei anni, di Vitorchiano. Dalle indagini emerge che quattro dei nove arrestati per il pestaggio erano frequentatori della Itthipol muay thai camp di Marinetti a Viterbo.

Ci sono tanti casi e storie che collegano sport ed estremismo. Ho scelto di concentrarmi sull'infiltrazione nel mondo delle arti marziali perché mi sembra l'area più interessante: è qui che il lavoro di raccordo operato dai capi delle branche sportive delle organizzazioni di estrema destra si esprime al meglio; è qui che quel sincretismo che mette insieme l'aspetto sportivo con quello politico e a volte, come abbiamo visto, persino religioso e spirituale, si concretizza nella realtà. Non che altri sport – e parlo ovviamente della pratica, tralasciando in questo caso il "contorno", l'aspetto tifo, curve eccetera – siano immuni dai tentativi di inquinamento, ovvio. C'è il calcio, c'è il rugby, il trekking, il paracadutismo. Rappresentano terreni di semina dove i gruppi neri innestano e coltivano i loro valori: l'affermazione e la supremazia dell'uomo nuovo, la forza che unisce una comunità.

Lo sanno bene i giocatori della Fiumana Rugby, la squadra di rugby di CasaPound (campionato di C2). Il leader è Davide Di Stefano (fratello del capo di CasaPound Simone Di Stefano), già responsabile di Blocco studentesco e che nel 2015 siede a cena nella trattoria romana Da Angelino (network commerciale di Cpi) con Matteo Salvini. Dopo due stagioni in serie C2 (2015/2016 e 2016/2017), la Fiumana ha lasciato il campionato nazionale e oggi milita nel circuito amatoriale. Logo della società – che si ispira a D'Annunzio e agli "eroi di Fiume" – sono il serpente e le sette stelle simbolo della Reggenza italiana del Carnaro, ovvero l'effimero stato fondato da Gabriele D'Annunzio nella Dalmazia settentrionale. Dannunziano è anche il motto "Quis contra nos?". Il braccio destro teso è il modo con il quale i "fiumani" festeggiano le vittorie. Un segno di appartenenza: il gesto più naturale per una squadra che è anche una comunità politica. I quindici rugbisti fiumani ogni 10 febbraio organizzano il "match del ricordo" per commemorare le vittime delle foibe.

Quando giocano gli intrepidi della Fiumana, il campo di largo Cevasco, a Roma est, si trasforma in una specie di arena identitaria: bandiere tricolori, scritte con le citazioni di D'Annunzio (la più gettonata è il classico MEMENTO AUDERE SEMPER). Tre anni fa fu esposto un lenzuolo con la scritta minacciosa: LA VOSTRA REPRESSIONE SERRA I NOSTRI RANGHI. La concezione marziale dello sport e della vita, i saluti romani, l'Istria, le partite di rugby dove ai ragazzi si dà appuntamento ai cortei e alle fiaccolate per ricordare le vittime di Acca Larentia (ogni 7 gennaio, una data sacra per il neofascismo romano, e CasaPound da tre anni ha messo il cappello sulla manifestazione celebrativa): sono i modelli offerti ai ragazzi di area che a

Roma s'avvicinano al rugby. Sport molto amato dalle tartarughe nere. Nato con la prima esperienza nel 2009 – la squadra interna all'ex partito si chiamava SPQR Rugby Klan –, il progetto rugby è continuato nel 2015 con un'altra squadra, la Barbarians CasaPound. Poi è arrivata la Fiumana. La squadra gemellata è la Dalmata Rugby di Gaeta che per attirare giovani ha affidato la campagna acquisti a dei cartelloni in strada stile Ventennio: VIENI A CONOSCERE E A PRATICARE UNO SPORT NOBILE CHE INSEGNA L'ONORE, IL RISPETTO E LA LEALTÀ SUL CAMPO.

Come se l'unica condizione per essere leali, rispettosi e nobili fosse l'appartenenza a un network fascista. Lo stesso fanno altre squadre e società della palla ovale. Dopo le mischie, massì, mettiamoci dentro un incontro intriso di revisionismo, o una conferenza sulla morsa del potere mondialista-pluto-giudaico-massonico. Il rugby è lo sport di Chef Rubio, che ogni giorno coi suoi post vibranti si scaglia contro la destra sovranista, razzista e fascista. Ma è anche lo sport dove spuntano squadre che ti insegnano che la condizione necessaria per essere "leali", "rispettosi" e "nobili" è l'appartenenza alla rete nera.

Di questa contaminazione politica dello sport CasaPound è stata una specie di precursore. CasaPound, nella galassia nera, è l'organizzazione dove i militanti hanno l'età media più bassa. Quella insomma che ha maggior potere di attrarre e influenzare i ragazzi. Dalla casa madre con sede abusiva in via Napoleone III a Roma, zona Stazione Termini, discendono a cascata decine di sigle. Quasi una per ogni branca sportiva. La boxe e appunto gli sport da ring o da tatami sono materia del Circuito – Circolo combattenti e della rete della Disperata. Di cosa si tratta? Sono tre palestre in Friuli-Venezia Giulia (Udine, Gorizia e Pordenone). Il nome (La Disperata) si ispira al gruppo di guardie personali di Gabriele D'Annunzio, fondato da Guido Keller, durante l'esperienza dell'impresa di

Fiume. La tradizione è stata portata avanti da diverse squadre d'azione fasciste, e oggi quel sostantivo militare finisce sulle pareti di circoli dove si combatte a calci e pugni. Sta ai giovani militanti fare proprio l'insegnamento che viene trasmesso dai maestri sul tappeto. "L'importanza delle arti marziali miste e del combattimento come mezzo di unione per la ricostruzione di una vera Europa e come punto di partenza per l'affermazione di nuovi atleti professionisti." È la stessa filosofia dei neonazisti russi di White Rex. La medesima ideologia impastata di odio razziale e suprematista di Daniele Belardinelli, il capo dei Blood & Honour Varese (oggi si chiamano CUV19, acronimo di Combat ultras Varese 19 – Venuti dalla strada), morto il 26 dicembre 2018 nella battaglia fra ultrà interisti e napoletani nei pressi di San Siro. Neonazista lui come i fratelli Vito e Daniele Bosco, di cui era amico. Varesini anche loro, arrestati il 28 gennaio 2019 nell'operazione Ossessione della Dda di Reggio Calabria che, con la guardia di finanza, stronca un traffico internazionale di droga gestito dalla potente cosca 'ndranghetista dei Mancuso (Vito Bosco, di Varese, ma nato in Libia, era uno dei perni principali del sodalizio criminale. A fine novembre del 2019 si sono concluse le indagini della guardia di finanza: trentadue indagati).

Saluti hitleriani, sostanze stupefacenti e botte: questo sono i Bosco brothers. Nel segno di una tradizione che vede i capi della curva nera ultrà del Varese da sempre dediti a criminalità, traffici, pestaggi e droga. Curiosità: Daniele Bosco e "Dede" Belardinelli, due anni appena di differenza, oltre alle idee nazionalsocialiste e al tifo avevano in comune la passione per le arti marziali. Prima che il carcere per uno e una notte di guerriglia finita tragicamente per l'altro decidessero i loro destini, Bosco e Belardinelli erano atleti della stessa associazione sportiva dilettantistica: la Fight Academy di Morazzone, il paese di Belardinelli. Il simbolo della palestra? Un legionario. Omaggio a un'iconografia diffusissima tra le associazioni e i circoli frequentati da militanti e simpatizzanti neofascisti. Belardinelli era forte nella scherma corta, il combattimento con l'uso del coltello. Daniele Bosco nelle Mma. Il 7-8 giugno 2014 ai "Fight Games" di Genova, mega kermesse italiana delle arti marziali, "Dede" conquista il primo trofeo "Città di Genova". Nella tappa finale del campionato italiano di Mma e grappling invece Daniele Bosco si aggiudica il secondo posto sul podio. Successi anche un anno dopo. Il 25 novembre 2015 al "Born To Fight" di Castelletto Ticino Belardinelli conquista la medaglia d'oro nelle tre specialità in cui gareggia: coltello, giacca e coltello (scherma in cui un indumento viene usato come scudo) e capraia (nel combattimento i due atleti sono legati per le braccia). Una performance che gli vale il trofeo di miglior atleta della manifestazione.

Passano tre anni e un mese. "Dede", con un centinaio di ultrà dell'Inter, del Varese e del Nizza, assalta a colpi di spranghe, bottiglie e bombe carta un corteo di auto di ultrà del Napoli diretto allo stadio Giuseppe Meazza di Milano: è la notte del 26 dicembre 2018. Il capo dei nazi Blood & Honour Varese viene investito durante gli incidenti da una Renault Kadjar guidata da Fabio Manduca, trentanove anni, imprenditore di pompe funebri, napoletano, gruppo Mastiffs, legami con la camorra e precedenti penali (sarà arrestato dieci mesi dopo, il 18 ottobre 2019. Il tribunale del riesame di Milano confermerà gli arresti domiciliari, misura disposta il 9 novembre 2019 dal gip Guido Salvini).

"Dede" resta senza vita sull'asfalto. I suoi ex compagni di curva – che sciolgono i B&H per fondare i CUV19 – gli dedicheranno queste parole: "Di quella notte sento il fiato sul collo, il tempo passa ma non ho paura: se chiudo gli occhi vedo il Capitano che mi sorride ancora e prepara la cintura. [...] Nuove sfide ci aspettano e noi le raccoglieremo tutte quante con fierezza e orgoglio, percorrendo, oggi come allora, la strada del Combattimento".

Il Capitano che "sorride" e "prepara la cintura" è lui, "Dede" Belardinelli. Un esempio di "combattente" per vecchie e giovani leve della tifoseria del Varese. "Capitano" come Erich Priebke. "Capitano", lo stesso soprannome cucito addosso dai suoi a Matteo Salvini che porta la Lega nel campo dell'estrema destra sovranista europea.

La vicenda Belardinelli è ancora viva non soltanto nelle menti dei camerati delle curve, quegli ultrà di decine di città italiane che lo hanno eletto a "martire". È viva anche nella mia, di mente. 25 gennaio 2019: come tanti cronisti, vado al funerale di Belardinelli a Morazzone. Devo scriverne per il giornale. La chiesa è gremita. Folla anche fuori sul sagrato e nelle vie adiacenti alla cattedrale del paese. Sono presenti delegazioni delle curve fasciste d'Italia – in primis Inter, Verona, Lazio. Gli ultrà dei Blood & Honour Varese indossano cappellini con la svastica. Alla fine delle esequie, quando il feretro di Belardinelli, accompagnato da cori, torce e striscioni, viene tumulato nel cimitero di Morazzone, i neonazisti della Comunità militante dei dodici raggi mi riconoscono e mi puntano. Nonostante in quel momento – data la situazione – fossi stato messo in protezione da un gruppo di poliziotti della questura di Varese, il capo dei Do.Ra., Alessandro Limido, mi sfila davanti assieme agli altri e col tono minaccioso che gli è abituale mi dice: "Vergognati, vai via da qui". Una guapperia in salsa lombarda. Sono le modalità dei neofascisti per cercare di incutere timore. Una battaglia persa con chi non ci bada e continua a fare il suo lavoro, come lo stavo facendo io quel giorno. Allora non ero ancora costretto a vivere sotto scorta permanente: giravo solo, sul lavoro, nella vita. Alcuni agenti della Digos mi scortarono fino all'auto che avevo parcheggiato a un chilometro dal cimitero di Morazzone. È una giornata che non dimentico, e non certo per le sbruffonate di Limido e soci.

Non la dimentico perché la cosa che più mi impressionò del funerale di Belardinelli erano le facce. Sì, le facce. Soprattutto quelle degli ultrà più giovani: ragazzi di sedici, diciotto, vent'anni. Ultrà del Varese e dell'Inter, e con loro alcuni militanti neofascisti, il volto ancora glabro, senza i peli della barba, i corpi sottili e tatuati, il cranio rasato perché in certe curve, in alcuni settori del neofascismo, vive ancora quello stereotipo lì. La luce spenta dei loro occhi, sguardi smarriti a cercare un appiglio: in quel momento, nei minuti che hanno preceduto la tumulazione di Belardinelli, l'àncora di quegli sguardi era il bagliore delle torce accese in onore di "Dede", e gli striscioni arrotolati con la parola CAPITANO e i simboli dei gruppi (di Milano, di Roma, di Verona, di Torino, di Genova). Il Capitano che "ancora sorride e intanto si sfila la cintura" non c'è più. È morto in battaglia, è morto da guerriero per una partita di calcio che fuori dallo stadio diventa un duello di calci e pugni e mazze. Uno scontro fra tribù. Che esempio lascia Belardinelli? Cosa ha insegnato ai giovani ultrà che nelle curve italiane srotolano lo striscione DEDE VIVE?

A volte cerchi te stesso su isole che sono altri a disegnare. Magari le hanno disegnate per un loro tornaconto personale, per potere, per denaro. Gli approdi dove credi di aver trovato riposo per la tua inquietudine, la tua rabbia – quanta ne hanno gli adolescenti? – possono trasformarsi in scogli dove vai a sbattere. Sono come cortine fumogene: celano i movimenti di chi è più grande di te. Non li vedi perché sono avvolti in una nube o in un colore che poi cambia. Oppure te li hanno raccontati in un modo, ma poi ti accorgi che dentro ci sono cose che nessuno ti aveva anticipato.

Operazione Himmler

Dicono che il loro nemico principale sia la debolezza, "in ogni forma e in ogni dove". Perché "il vile è per definizione un debole". Dicono di esaltare l'individualismo, la forza, la violenza e la mascolinità. Sostengono di non essere un vero e proprio movimento ma una tribù: un modo di essere. E loro – precisano – sono tante cose assieme. Un biker club, un ordine esoterico, un fight club, un "gruppo fuorilegge". Il logo è inquietante: due metà teste (vita/morte), due musi di lupo e, al centro, il dente di lupo, la runa *Wolfsangel*, il primo simbolo usato dai nazisti e poi da decine di organizzazioni militari e politiche di estrema destra.

Si chiamano Dire Dogs – Culto del lupo. Sono un gruppo estremista che organizza campi di addestramento fisico-spirituale nei boschi del Trentino. Li scopro attraverso Davide Morini, il fighter boscaiolo delle rune. Lui è il trainer dei Dire Dogs: cura la parte dell'allenamento con il suo metodo Kratos, di cui abbiamo parlato. Sua moglie, Denise "Nena" Cont, vegana, è la tatuatrice ufficiale del gruppo. Quando ho chiesto a Morini di spiegarmi come funzionano i camp dei Dire Dogs mi ha invitato a contattare loro (lo faccio, non ricevo nessuna risposta). Mi dice che lui sul suo sito si limita a linkare il simbolo del gruppo con la scritta SEGUI IL CULTO CINOCEFALO (la testa del cane). In realtà Morini e moglie sono parte integrante dei Dire: gli eventi vedono la loro partecipazione, per la parte fisica e per la sessione tatuaggi. Anche il metodo Morini prevede dei training nei boschi. I ritrovi dei Dire Dogs sono una forma ancora più spinta.

Ma vediamo di chi e di cosa stiamo parlando. Dire Dogs è la cellula italiana di un network nato negli Stati Uniti: Operation Werewolf. Sulla pagina Facebook c'è scritto "organizzazione religiosa". Ma basta sfogliare il glossario delle pagine più cupe e drammatiche della storia moderna per scoprire l'origine della parola. Il

Werewolf era un reparto delle SS, nato nel 1944 su iniziativa di Hans-Adolf Prützmann e alle dipendenze di Heinrich Himmler. Era incaricato di missioni di sabotaggio e di guerriglia contro gli Alleati. In tedesco *Werwolf* significa "uomo lupo", "lupo mannaro", "licantropo". "Lupi mannari" erano i soldati arruolati dal Terzo Reich nel momento della disfatta per tenere viva la lotta nazista. Il termine *Wehrwolf*, che è pronunciato nello stesso modo, significa "armata del lupo" o "difesa del lupo" e richiama una vecchia tradizione di lotta non convenzionale in Germania. Insomma, gira e rigira, negli ambienti dell'ultradestra la figura del lupo è un classico. Lo ritrovi quasi ovunque. È il talismano a cui ci si consegna, è la linfa dalla quale si estrae la forza.

Già il nome del network dei Dire Dogs dice molto. Il resto lo scopri ascoltando le parole del capo del Culto del lupo. Si chiama Leonardo Albiero, nome di battaglia "Leo Hjart", ventinove anni, veneziano. Si descrive così: "Nato sotto la mezza luna. Ho frequentato regolarmente le scuole fino al diploma, mi trasferisco in Svezia per un breve periodo e ritorno in Veneto dove lavoro come designer e illustratore". Continua il curriculum: "Rievocatore storico nell'ambito longobardo e avaro, ho dedicato e dedico il mio tempo alle arti marziali (Mma, boxing, self defence), all'allenamento fisico, alla spiritualità e alla storia". Infine, il ruolo: "Sono l'attuale Kommandant della prima divisione di Operation Werewolf sul suolo italico, i Dire Dogs". La presentazione è scandita da un linguaggio militare, sembra davvero di stare al tempo di Himmler (per come lo raccontano i documentari storici).

I membri dei Dire Dogs si chiamano Operativi. Che cosa vuol dire "Operative" lo spiega il Kommandant. "Per diventare un Operative devi accettare e combattere ogni giorno fisicamente, spiritualmente e mentalmente, conoscere membri di questa tribù, confrontarti, dimostrare il tuo valore. Siamo aperta-

mente 'spirituali' nel senso che ognuno di noi segue una via mistica di qualche tipo. In molti applicano i principi del politeismo germanico/norreno" – vi ricordate il Valhalla di Piscitelli e Minonzio? –, "ma non mancano influenze da molti altri pantheon. Io per esempio nei Dire Dogs faccio spesso uso di simbologie provenienti dal Tengrismo."
C'è un po' da perdersi. Ma basta tenere il punto seguendo una norma base del network americano: Operation Werewolf è un movimento che "propone uno stile di vita totalmente fuori dagli schemi". Si capisce. Una comunità che si isola dal resto del mondo perché si considera superiore. O comunque vive e agisce con lo scopo di elevarsi attraverso il culto della forza. Una comunità dichiaratamente individualista e maschilista, allergica alla società moderna che contrasta frontalmente inabissandosi e dedicandosi a una formazione che ricorda un addestramento di stampo paramilitare. Consultando una fonte aperta – un'intervista al Kommandant veneziano pubblicata on line nel portale dei Dire Dogs –, si acquisiscono gli elementi base per capire l'attività, almeno quella manifesta, del gruppo. Che ovviamente riproduce i dettami e la dottrina della casa madre americana. Sentite cosa dice "Leo Hjart". "Operation Werewolf esalta l'individualismo e incoraggia i singoli a personalizzare la propria divisione sotto ogni punto di vista. Operation Werewolf non è politica, non è religione, non è un'organizzazione con fini rivolti verso la popolazione. È un pugno diretto in faccia a tutte le istituzioni e ai partiti moderni. È una guerra totale contro gli standard di vita e i valori del modernismo. Puntiamo a essere un'entità che vive e respira tramite i propri membri. In tanti si chiedono come sia possibile non definirsi un'organizzazione ma al contempo definirsi 'membri', o meglio Operativi, come ci identifichiamo. È molto semplice: essendo uno stile di vita che richiede alti standard psicofisici e spirituali, OW fa di que-

sti standard un'automatica difesa immunitaria: se non ti trovi d'accordo con qualcosa di ciò che siamo e facciamo, non ne farai parte di tua iniziativa. OW è in parte biker club, in parte ordine esoterico, in parte fight club, in parte fuorilegge, e molto più di tutto ciò. [...] Ma parlo solo per la mia divisione, e ognuno dentro questo ideale è libero di seguire spiritualmente ciò che vuole, se in linea con ciò che promuoviamo. Molte associazioni politeiste moderne usano simboli di guerra, li vedi ogni giorno su Facebook o su Twitter a pubblicare messaggi aggressivi con foto di guerrieri vichinghi e cose del genere, e subito dopo a gridare per la democrazia, la pace e l'utopia di un mondo dove tutti sono fratelli. Noi siamo i primi a ridere in faccia a questa gente, e siamo i primi a essere criticati da questa gente: sappiamo bene chi erano i nostri antenati, ed evidentemente spaventa il fatto che qualcuno su questa terra si atteggi con arroganza e mascolinità per prendere ciò che vuole e vivere una vita degna di essere vissuta, tramite principi spirituali e mentali adatti a combattere un conflitto. E ben venga pure quello sul piano fisico".

Più che una filosofia, pare un proclama minatorio. Il comandante veneziano traccia la direzione seguita dal suo gruppo di "eletti": "Operation Werewolf si definisce fuorilegge anche per questo: un fuorilegge accetta il proprio istinto, cresce nel buio dell'ignoranza e della mediocrità generata da chi lo circonda e infine emerge, senza paura di fidarsi del suo istinto e senza paura di fare qualsiasi cosa per diventare e ottenere ciò che ritiene giusto. La cosa più vicina alla struttura per Operation Werewolf è il Werewolf Command, una divisione fondatrice americana che approva le altre divisioni e fornisce linee guida su quello che è questo ideale. Le divisioni sono organizzate in modo simile ai biker club. Ma ogni divisione è al contempo stimolata a usare una propria simbologia, a elevare i suoi membri e ad autogestirsi, sia ritualmente che a livello

di allenamenti. Ci vuole molta forza di volontà, ma si diventa dei bastardi duri a morire, sai? Dopotutto il nostro nemico principale è la debolezza. In ogni forma e in ogni dove".
Un delirio in libertà? O qualcosa di più profondo? Il richiamo dei "lupi" è dunque alla Werewolf e alla tradizione del commando nazista guidato da Himmler. Quando gli viene chiesto come si è avvicinato al network americano e come è stata accolta la sua richiesta di aprire il primo "chapter" italiano di Operation Werewolf, il leader dei Dire Dogs spiega che ha conosciuto il fondatore via Internet, iniziando a partecipare a forum e discussioni in rete. "Sono diventato un Solo Operative nel giro di poco tempo adattandomi a questo stile di vita, comprendendo che in realtà è stato lo stile di vita ad adattarsi a me. Questo è Operation Werewolf. Rendersi conto di far parte di una tribù di uomini e donne che scelgono di vivere attraverso determinati standard."

I requisiti per entrare nel branco dei lupi? Eccoli: "Allenare duramente il proprio corpo, svolgere quotidianamente esperienze spirituali mettendosi in gioco, rischiare, diventare lupi tra pecore. Combattere ogni giorno per diventare sempre più forti, dentro e fuori, totalmente inarrestabili. Forgiare la propria volontà come fosse acciaio e sporcarla di sudore e sangue". Il capo ha gettato le prime basi del gruppo così: "Dopo aver trovato due miei vecchi e fidatissimi amici, fratelli in linea con questi standard, e dopo aver informato il Werewolf Command delle mie intenzioni, abbiamo deciso di svolgere un rituale di iniziazione, quello che chiamo WolfOath, ovviamente con combattimenti rituali di mezzo, per provare il nostro impegno e la nostra volontà di costruire qualcosa di forte, grande e pericoloso. Dopo aver documentato la cosa, la Division è stata approvata in poco tempo".

Nel ventre della società, lontano dai riflettori dei media, operano gruppi della cui esistenza arriveresti quasi a dubitare. Se non fossero veri. L'ultimo evento Dire Dogs si è svolto il 6-7-8 dicembre 2019. Sulla locandina "Hordes of the Winter-Wolves" è riportato: "Evento aperto, previa approvazione della tribù. Inoltrare un messaggio per informazioni sulla location". Il programma della tre giorni era questo: "Workshop di combattimento con Davide Morini, fondatore del metodo Kratos. Merchandising ufficiale. Rituale notturno. Notte passata all'addiaccio nei boschi del Nordest. Sessioni di tatuaggio hand-poke gestite da Nena Cont". I nuovi adepti sono entrati a far parte della tribù. Hanno accettato le regole e il codice di comportamento, si sono mostrati all'altezza del giudizio del Kommandant. Conformi allo "standard" del Culto del lupo.

Che cos'è lo standard per un'organizzazione che si definisce anche "spirituale" ma che esalta la violenza come forma di autoaffermazione e usa simbologie naziste? Ecco la dottrina del Kommandant: "Ho trovato una tribù di persone forti che mi stimola e mi ispira a perseguire questo standard. [...] Il mio messaggio è molto semplice: non perdete un singolo minuto del vostro tempo. Combattete, sputate sangue, fatelo sputare, mettetevi in gioco e puntate a diventare macchine da guerra dalla volontà ferrea, dal fisico indomabile e dallo spirito indissolubile. Uno spirito talmente forte da far tremare anche le radici della terra. Tirate fuori le palle e fate capire a sto cazzo di mondo che fa bene ad aver paura di ciò che non conosce. Noi abbracciamo apertamente il sacrificio, la morte, la mascolinità, e veneriamo la violenza come risposta ultima se è questo ciò che è necessario. Tutto ciò perché ci piace vivere. E a guardare quella massa di zombie lì fuori, in un'era come questa siamo fieri di essere e sembrare i cattivi, se la gente pensa questo: molto meglio andarsene ed essere ricordati come dei despota e dei saccheggiatori, dei reietti e dei fuorilegge, piuttosto che non essere ricordati".

Il rapporto sacrale con i morti è uno dei tratti peculiari del fascismo. Anche nella sua riproposizione moderna che, come ho spiegato, presenta tratti e caratteristiche nuovi. È un'inclinazione che in alcuni casi sembra avvicinarsi alla tanatofilia. Quando i gruppi neofascisti marciano o ricordano i "loro" morti – l'ho visto in tante occasioni: nelle parate cimiteriali scandite da un ordine rigoroso e dai saluti romani, nei cortei per Acca Larentia, nel rito collettivo del "presente" per i camerati caduti, a partire dal 29 aprile nero dedicato a Sergio Ramelli –, i militanti pensano veramente che i morti siano lì con loro. A sventolare il tricolore, a scandire i "me ne frego". C'è questo piano emozionale, di pura fascinazione sacrale, dove il passato vive nel presente e un simbolo, un vessillo, un monumento, una lapide sembrano prendere vita: come se l'impatto visivo – che è l'aspetto che conquista i giovani – si nutrisse sempre di una mitologia. E non fa niente se la memoria di chi non c'è più rischia di oscurare l'azione di chi vive. Più estrema è l'impostazione di un gruppo e più questo culto per i morti e per la morte affiora, e si rappresenta anche plasticamente. A partire dai simboli. L'estremismo viene raccontato dai protagonisti come una via di fuga dallo stereotipo della società moderna. È il bagaglio "culturale" e simbolico che viene trasferito alle nuove generazioni fasciste.

Il "comandante" Leonardo Albiero parla di vita e di morte. "Io amo la vita. La amo immensamente. Proprio per questo amo anche la Morte, Hel, Ecate, Erlik, come volete chiamarla. Se qualcuno cerca conoscenza tramite il contatto con le entità naturali, tramite il contrasto fisico violento, tramite il sudore che ti fa diventare più forte, tramite sana competizione, sì, è assolutamente uno sbocco. Ma non può essere un passatempo, deve essere il tuo modo di vivere, il tuo modo di arrivare ai tuoi obiettivi, alla gloria."

Nel pantheon dei "cani guerrieri" ci sono valori

che sembrano riaffiorare dagli anni più bui della storia: è un'ideologia passatista che mischia caverne, oscurantismo medievale e onnipotenza da superuomo di Nietzsche. Ovviamente, nel suo manifesto, il Kommandant fa una tirata contro l'Occidente e la società disgregata dove si è persa ormai irrimediabilmente l'importanza dell'"autorità". E, in risposta, propone quella che è la ricetta "cinocefala": vivere secondo il culto del lupo.

Una ricetta che non prevede sconti. Che contempla la sola potenza dell'uomo inteso come maschio. E che non risparmia affondi sessisti. "Ormai la mascolinità è qualcosa da condannare, da demonizzare e svalutare, è un ingrediente scomodo per la società occidentale, trasformata in una parodia di ciò che dovrebbe essere l'archetipo femminile. Viviamo ormai in una società completamente effeminata, ci costringono a essere accoglienti verso ogni forma di ideologia, purché moderata. Ci viziano in ogni modo tramite tecnologia, moda, mass media, religione. Ci trasformano in un gregge perfetto. [...] Io mi sono rotto i coglioni di guardare al 'popolo' [...]. Non mi importa nulla [...] mi importa solo della mia tribù [...]. Essendo una tribù fondata su principi 'guerrieri' – per quanto non mi piaccia usare questa parola molto comune –, gli standard maschili sono molto alti, facciamo della nostra bandiera la potenza sia interna che esterna, è una tribù guidata da uomini perché insomma, guarda fuori, è tempo di guerra. Siamo in guerra con il mondo..."

Il capo dei Dire Dogs sostiene che il suo gruppo non è ideologia e non è politica. È un "modo di essere". Che il sodalizio dei boschi faccia parte di Operation Werewolf, l'organizzazione che prende il nome dalla divisione nazista comandata da Heinrich Himmler, a me fa un certo effetto. Non è forma, è sostanza. Alle accuse di estremismo Albiero risponde con argomenti definitivi, che non lasciano spazio a molte interpretazioni: "L'istinto dell'essere umano è far gruppo, gang, tribù. L'anarco-tribalismo, come mi piace definirlo sebbene sia un termine troppo vago e poco chiaro, è la natura dell'uomo, ma una cosa del genere spaventa chiunque. Siamo molto fieri delle accuse che ci arrivano. Significa che la nostra tribù fa paura, spaventa. Questo genere di cose era all'ordine del giorno un tempo. Pensa ai nostri antenati Longobardi: mettevano in giro dicerie su guerrieri dalla testa di lupo e cane per spaventare le popolazioni vicine […]. Noi seguiamo il nostro istinto, e siamo ciò che vogliamo essere, anche esteticamente tentiamo di esprimere ciò che siamo dentro, sotto la pelle. E ciò fa paura, perché se davvero accettiamo l'istinto umano e lo portiamo a galla in una società fatta di personalità costruite con l'iPhone e la televisione, quando ti guarderanno negli occhi crederanno di essere faccia a faccia con un animale, solo perché secondo la loro visione delle cose l'essere umano dev'essere tale e quale a loro […]. Non mi importa se sono spaventati, chi sarà affascinato e ispirato da noi si unirà alla tribù. Chi è spaventato diventa preda".

Avete ancora in mente lo slogan della "Tana delle tigri", la kermesse di combattimenti di CasaPound? "La paura appartiene alle prede. State pronti." Lì si evocavano i crociati e i vichinghi. Albiero invece parla di "homo omini lupus". Nella narrazione dell'estrema destra la lotta a calci e pugni, gomitate, ginocchiate e tecniche di combattimento è il modo con cui l'uomo dimostra il proprio valore e l'onore. E l'onore si difende anche proteggendo la propria terra, i confini, l'identità nazionale, la patria dagli invasori. Combattendo ed emarginando chi sporca la razza europea e chi vuole mettere in atto la fantomatica sostituzione etnica (una delle più grosse balle nella storia contemporanea delle fake news, usata abitualmente da razzisti e neonazifascisti per giustificare le loro campagne d'odio contro i migranti).

Nei raduni dei Dire Dogs ci si picchia a mani nude. Oppure coi bastoni. A petto nudo come i guerrieri. Poi c'è la parte della simbologia, della natura, dei tatuaggi. "Sono attaccata alla natura e alla simbologia," mi racconta Denise "Nena" Cont, moglie tatuatrice di Davide Morini, negozio Berkana Tattoo in piazza del Podestà, a Rovereto. "Ai camp ci si prepara al tatuaggio, si raccolgono idee, ci si confronta. Non porto gli attrezzi del mestiere, non nel bosco. Lì i tatuaggi si fanno in modo più naturale. Certo che tatuo le rune. Ma sono solo una parte del mio lavoro. Poi ci sono tutti i simboli legati alla natura, che è quello che preferisco tatuare." "Nena", come la chiamano tutti, è anche pittrice. Sui social si presenta così: "Tatuo. Dipingo nel bosco. Alla ricerca di liberare l'anima. Dire Dogs il mio motore. Sono veg, ma se voglio ti prendo a calci in c.".

Le chiedo come si vive in un ambiente così radicale e maschilista. Mi dice che i Dire Dogs sono ragazzi "mascolini, non maschilisti". Anche "Nena" si riconosce nell'ordine gerarchico del gruppo. "Da noi comanda il più forte," sentenzia Kommandant Albiero.

Mi domando a che cosa serva, concretamente, tutto questo. Se sia funzionale a un fine o se sia solo una forma di autoesaltazione machista costruita intorno a una simbologia che non lascia spazio a dubbi. Perché "il fisico deve essere sempre pronto"? Pronto a cosa? A quale situazione? Oltre alla logica guerresca e all'affermazione della mascolinità i Dire Dogs parlano di survivalismo: ovvero prepararsi attivamente per un'emergenza, futura o eventuale, comprese possibili interruzioni o profondi mutamenti dell'ordine sociale o politico. Per alcuni aspetti i Dire Dogs potrebbero ricordare quelle comunità bio-nazi che in Germania, lontane dai radar della polizia, si ritirano a vivere nelle campagne o in montagna riscoprendo la terra, la natura, l'importanza del cibo biologico o addirittura la dieta vegana come armi con cui combattere la società

multietnica: in particolare i nemici della Germania, i musulmani. Ecologia, rune e svastiche. Nel solco della tradizione della Lega degli Artamani o Protettori della zolla, quei nazisti che nel 1926 si isolarono dalla corrotta Repubblica di Weimar e trasferirono le proprie famiglie tra il Mar Baltico e le verdi colline della Pomerania anteriore. L'obiettivo? Costruire un'élite *völkisch* germanica e antisemita. Per prepararsi al Terzo Reich. Chi erano i membri di questa comunità? I gerarchi delle SS Heinrich Himmler e Rudolf Höss, il futuro comandante di Auschwitz... Guarda un po'.
　　Casi fortuiti? Analogie che significano poco e niente? Il Kommandant dei Dire Dogs, a capo della Division italiana di Operation Werewolf, scelto dal Werewolf Command (un ente che sa bene con chi ha a che fare), dopo aver detto che il Culto del lupo non è un'organizzazione politica, snocciola la "sua" idea di politica: "È molto semplice: abbattere ogni debolezza, diventare più forti giorno per giorno, essere i predatori, i razziatori di questa vita e arrivare di fronte a Sorella Hel [la morte] con un bel sorriso beffardo. [...] I Dire Dogs diventeranno migliori giorno per giorno accogliendo solo il meglio del meglio tra le proprie fila. Più della metà degli operativi della mia divisione ha esperienza militare, la totalità del gruppo pratica arti marziali (ognuno di noi più di una) e survivalismo, e ogni giorno ci impegniamo a migliorare le nostre capacità. In un mondo dove la depravazione, la debolezza, la frivolezza e il materialismo sono la norma, non ci resta che accettare di buon grado il fatto di essere i cattivi".

Seconda sezione
LE NUOVE COLONIE

1.
Vacanze per bambini italiani

In colonia si sta bene

La prima colonia italiana è datata 1822 e vede la luce grazie a un'iniziativa dell'Ospedale di Lucca: la struttura organizza a Viareggio un campeggio estivo per i bambini di strada. Queste forme di assistenza per i più disagiati prendono il nome di "ospizi marini". A metà dell'Ottocento in Italia se ne contano più di cinquanta fra Toscana, Emilia e Romagna. I figli dei poverissimi e molti orfani vengono portati in vacanza al mare e anche in montagna. La prima colonia alpina sorge nel 1898 a San Marco di Pedavena, oggi all'interno del Parco nazionale delle Dolomiti bellunesi.

Il boom delle colonie si ha durante la Prima guerra mondiale a opera della Croce Rossa, ma è con l'avvento del regime fascista che diventano un vero e proprio modello: anzi, un servizio statale. Nel 1928 le colonie vengono affidate all'Opera nazionale maternità e infanzia. Che cos'è? Un ente parastatale creato ad hoc per soddisfare due imperativi cardine del fascismo. Primo: il controllo e l'educazione dei giovani fin dalla prima infanzia. Secondo: la subordinazione sociale della donna. Concentriamoci sul primo. Perché la nascita dell'Onmi fa da apripista alla creazione di un'altra "opera": l'Opera nazionale balilla (1926). La gestione delle colonie estive e montane viene affidata alle due "opere" e alle federazioni locali del Partito nazionale fascista.

Con strutture specifiche dedicate all'infanzia, soprattutto a quella che appartiene ai ceti più bassi della società, Mussolini lancia la cosiddetta "battaglia demografica": vuole abbattere i tassi di mortalità infantile, in quel periodo drammatici, e far crescere la popolazione. L'eugenetica per il "miglioramento della razza" e il "numero come potenza" (snocciolato dal duce durante il discorso dell'Ascensione del 26 maggio 1927) diventano alcuni dei tormentoni sui quali martella la propaganda del regime. È lo stesso tema nazionalista che oggi vede in prima linea, con campagne a sfondo xenofobo e razzista, Forza nuova, CasaPound e, con slogan meno truculenti, anche Fratelli d'Italia. L'Opera che si occupa delle colonie è uno degli interventi del duce finalizzati a dare corpo alle politiche di incremento demografico.

In questo contesto di esaltazione nazionale, il fascismo sociale benedice e spinge le colonie. Ne nascono moltissime. Dalla Liguria all'Emilia-Romagna, dal Lazio alla Toscana, in Campania, in Sicilia, in Calabria. I figli delle famiglie povere vanno in vacanza, giocano e fanno attività fisica, le spese sono quasi interamente coperte dallo stato. A Gaeta, sulla spiaggia di Serapo, sorge una grande colonia marina del regime, dedicata al nipote di Mussolini e dirigente dell'Onb Alessandro Italico, morto ad appena vent'anni. Durante la Seconda guerra mondiale i tedeschi, temendo uno sbarco alleato a Gaeta, distrussero la colonia. Lo sbarco poi avvenne ad Anzio.

Le colonie erano usate dal regime a fini pedagogici e politici. Verso la metà degli anni trenta furono riorganizzate in base alle linee guida che prevedevano un maggiore accentramento: l'architettura sulla quale doveva poggiare la nascita dello stato totalitario e della massima organizzazione del consenso. Ogni aspetto della vita politica, economica e sociale italiana doveva essere sotto il diretto controllo dello stato e del Partito fascista. L'educazione dell'infanzia era il primo veicolo per la creazione dell'"uomo nuovo fascista" e dei futuri soldati per le guerre del fascismo. Quel mito che abbiamo ritrovato oggi, rispolverato, nelle palestre nere e nello sport infiltrato dall'estrema destra.

Di questo network statale assistenziale l'Emilia-Romagna era il centro nevralgico. Nelle province di Ravenna, Forlì-Cesena e Rimini – le strutture più importanti erano a Cattolica, a Rimini, Cesenatico, Cervia, Ravenna, Misano – le colonie diventarono veri laboratori per l'educazione fascista. Anche allora chiaramente i figli delle famiglie più disagiate erano quelli più manipolabili. Dal 1937 tutte le organizzazioni e le strutture destinate all'infanzia furono affidate alla Gioventù italiana del littorio, dipendente dal Pnf, che collaborava per la gestione delle colonie con i presìdi sanitari locali e con le prefetture. I regolamenti, l'organizzazione interna, il funzionamento, la preparazione richiesta agli educatori e alle educatrici, le attività didattiche, ricreative e sportive destinate a bambine e bambini; la costruzione e l'architettura delle strutture, e dove venivano edificate: Mussolini voleva che tutto fosse rigidamente controllato. Perché l'educazione fascista era la base.

Dopo la Seconda guerra mondiale verrà riconosciuto il carattere "formativo" delle colonie. Non saranno più rivolte alle sole fasce svantaggiate e, a partire dal 1970, passeranno di competenza alle amministrazioni comunali e agli enti pubblici. Nonostante questa emancipazione, i gruppi di estrema destra oggi riprendono il primo modello di colonie: quello fascista. Con l'hashtag #ibambinisianogliunicipriviligiati Forza nuova rilancia alla grande le villeggiature estive per i "bambini italiani". Gli stranieri ovviamente non sono ammessi. I volontari e le educatrici dell'Associazione Evita Perón – gestita da Desideria Raggi, segretario di Forza nuova Ravenna – d'inverno infilano i volantini per la raccolta fondi nelle cassette della posta nei quartieri periferici delle città (sul pieghevole sono indicati i contatti e il numero di conto corrente per le donazioni) e d'estate portano bimbi e adolescenti sulla riviera romagnola e in Sicilia. La settimana in colonia prevede una ventina di bambini per volta. Il programma è articolato, con attività ludiche, educative e sportive, momenti di condivisione e di preghiera. Tutto ovviamente ispirato al patriottismo, alla disciplina, al rigore: un'impostazione marziale dove l'inno nazionale e l'alzabandiera si accompagnano ad altri inni e marcette che Mussolini annotava sui suoi diari.

Cantano come i balilla del Ventennio gli ospiti delle colonie neofasciste. Si mettono sull'attenti davanti alla bandiera. Onorano la figura madre di Evita Perón e iniziano a masticare racconti sul "peronismo". Poi passano ai "canti assassini" del cofondatore di Forza nuova Massimo Morsello. L'ultima colonia estiva del 2019 si è svolta a Lido di Dante. "Un vero atto rivoluzionario di lotta per il futuro della Nazione," l'hanno definito le fasciste in gonnella dell'Associazione Perón. Dopo due settimane di svago è arrivato il momento della recita finale: i bambini si sono esibiti in uno spettacolo ispirato alla vita di Norma Cossetto, la giovane vittima delle foibe, già celebrata da un film e da un fumetto fatto distribuire nelle scuole medie venete, tra le polemiche, dall'assessore regionale all'Istruzione, alla formazione, al lavoro e pari opportunità Elena Donazzan (Fratelli d'Italia). Questo è il repertorio. La pedagogia fascista del terzo millennio.

Karaoke Nar

Un fazzoletto di prato, file di sedie bianche di plastica, una piscina rettangolare di quelle che si montano. Nastri colorati appesi agli alberi e una parete di cemento sulla quale la sera prima un videoproiettore ha fatto scorrere in timelapse scene di vita di Evita Perón. È il momento del karaoke identitario. A dare il "la", tipo direttore d'orchestra, sono due educatrici. I bambini sono lì in fila orizzontale, in piedi. Una ventina. Il più piccolo ha quattro anni, il più grande tredici. Maschi e femmine. Indossano pantaloncini scuri e una maglietta bianca con la scritta COLONIE ESTIVE 2019. La stessa divisa delle educatrici, solo che sulle loro c'è la parola STAFF. Li hanno preparati bene. I bimbi hanno imparato il brano a memoria. Parte la base musicale, iniziano a cantare in coro: "Entrammo nella vita dalla parte sbagliata in un tempo vigliacco, con la faccia sudata, / ci sentimmo chiamare sempre più forte, ci sentimmo morire ma non era la morte / e la vita ridendo ci prese per mano, ci levò le catene per portarci lontano".

Brevissima pausa. I bambini riprendono fiato, poi il coro riparte: "Ma sentendo parlare di una donna allo specchio, di un ragazzo a vent'anni che moriva da vecchio / e di un vecchio ricordo di vent'anni passati, di occasioni mancate e di treni perduti / e scoprimmo l'amore e scoprimmo la strada, difendemmo l'onore col sorriso e la spada. / Scordammo la casa e il suo caldo com'era per il caldo più freddo di una fredda galera / e uccidemmo la noia annoiando la morte e vincemmo soltanto cantando più forte / e ora siamo lontani, siamo tutti vicini e lanciamo nel cielo i nostri canti assassini / e ora siamo lontani, siamo tutti vicini e lanciamo nel cielo i nostri canti bambini".

La canzone finisce tra gli applausi. I bambini alzano gioiosi le braccia al cielo. È il momento del "rompete le righe". Le educatrici sorridono. Sono soddisfatte.

Accarezzano i più piccoli, li prendono per mano e si complimentano. I bimbi si guardano con l'aria di ingenuo compiacimento che accompagna di solito le recite a scuola dove niente è andato male. Estate 2019: Lido di Dante, Ravenna. Colonia estiva Evita Perón, la costola femminile di Forza nuova. I bambini hanno appena cantato in coro *Nostri Canti Assassini*. È il brano più celebre di Massimo Morsello, terrorista dei Nar, latitante all'estero fino alla sua morte in un ospedale londinese il 10 marzo 2001. Detto anche il "De Gregori nero", Morsello viene condannato a otto anni e dieci mesi per associazione sovversiva e banda armata: scappa in Inghilterra insieme a Roberto Fiore nel 1980, dopo la strage di Bologna, quando la magistratura spicca decine di mandati di cattura per altrettanti appartenenti al mondo dell'eversione neofascista. Nel 1999 gli verrà dato un salvacondotto per rientrare in Italia a causa della sua malattia: un tumore al quale si arrenderà a quarantatré anni.

Perché, per il karaoke identitario, le educatrici della colonia Evita Perón scelgono di far cantare ai bambini *Nostri Canti Assassini*? Facile: è un pezzo iconico del neofascismo. La canzone dà il titolo all'omonimo album (*Nostri Canti Assassini – Canzoni dall'esilio*) composto da Morsello negli anni della latitanza tra Germania e Regno Unito. Viene pubblicato nel 1981 – nel formato musicassetta – e ristampato nel 2009 in formato cd. Archeologia musicale, è vero. Ma comunque più recente di *Faccetta nera* o *Giovinezza* o *Allarmi siam fascisti*.

La fortuna di *Nostri Canti Assassini* sta nel fatto che diventa una sorta di inno generazionale. Che si tramanda fino alle colonie estive 2019 di Forza nuova. Il brano è un manifesto musicale, l'inno della generazione degli anni di piombo, quando l'estrema destra piazzava bombe e uccideva. Il latitante Morsello la compone in chiave esistenziale: lui, il fuggiasco che ripara oltre confine e che dall'esilio scrive di carcere, di morte, di isolamento.

Immagino che le educatrici forzanoviste non abbiano spiegato a bimbi di quattro o dieci anni chi erano i Nar. O magari sì. Difficile. I Nar, secondo Morsello, sono i ragazzi che "entrano nella vita dalla parte sbagliata". Ma che poi trovano la loro dimensione. "Scoprimmo l'amore e scoprimmo la strada, difendemmo l'onore col sorriso e la spada." Per descrivere quelli come lui Morsello canta anche la sua condizione di terrorista che scappa per sottrarsi al carcere. Ma questo nessuno tra le voci bianche lo sa. Concetti troppo da grandi. "Ora siamo lontani, siamo tutti vicini e lanciamo nel cielo i nostri canti assassini," scandiscono in coro i bambini. Il tema è quello caro alla destra fascista: la rinascita dalla sconfitta. È vero: il fascismo è stato battuto dai partigiani, ma la fiamma non si è mai spenta. Nemmeno quella degli eversori che hanno "difeso l'onore con la spada". Qualcuno è finito in carcere, altri non hanno mai pagato il loro conto con la giustizia. Tra questi ci sono Roberto Fiore e Massimo Morsello, detto Massimino. I due vecchi amici camerati si ritrovano imputati nello stesso processo: quello che vede alla sbarra i componenti dei Nar e di Terza posizione. Sarà l'inizio della loro fortunata partnership politico-economica. Morsello fa parte dei Nar. Un po' per il suo profilo estroso e artistico, un po' perché appunto scrive canzoni e poesie, è considerato una delle anime della cosiddetta corrente ecologista-ambientalista della destra eversiva romana degli anni settanta (corrente alternativa a quella dura e pura e militare di Giusva Fioravanti e Francesca Mambro, ma fanno tutti parte dello stesso gruppo terroristico).

Figlio di una famiglia della borghesia romana, madre bulgara emigrata in Italia dopo l'ascesa del Partito comunista, padre "profondamente anticomunista" (parole di Morsello), "Massimino" ammira fin da giovane la filosofia sociale del fascismo. A sedici anni, dopo la morte del padre, entra nel Fronte della gioventù, il movimento giovanile dell'Msi, e poi nel Fuan, quello universitario. La sezione a cui si iscrive Morsello, quella di via Siena, è una delle più toste: dal 1978 diventa il centro di aggregazione dell'anima dura e intransigente dell'Msi. Sono tanti i giovani che decidono di sganciarsi dal partito di Giorgio Almirante per dare vita a una forma di militanza estrema. La storia di Morsello è indissolubilmente legata alla parabola dei Nar. Ma lui, insieme al terzoposizionista Fiore, quando le cose si complicano e arrivano gli arresti, si dà alla macchia.

Dopo un breve passaggio tedesco, approda a Londra. Da latitante in Inghilterra Morsello non si dedica solo alla musica, l'altra sua passione. Continua a occuparsi di politica e diventa un abile imprenditore. Il 29 settembre 1997 con Fiore fonda Forza nuova. Che è, oggi, il più vecchio partito neofascista attivo ancora con lo stesso simbolo e lo stesso segretario nazionale (Fiore). Il partito nasce e cresce grazie alle risorse economiche che Morsello e Fiore hanno accumulato costruendo un piccolo impero finanziario (prima creano la Meeting Point, poi Easy London, aziende entrambe legate agli ambienti di estrema destra e specializzate nel fornire alloggio a giovani studenti e lavoratori che si trasferiscono a Londra). A Morsello è già stata diagnosticata la malattia (si sottoporrà alla controversa cura del professor Antonio Di Bella a cui dedicherà anche il brano *Buon anno professore*). Malattia che gli evita il carcere quando, nel 1999, nonostante le condanne, può rientrare in Italia senza finire dietro le sbarre.

Tre anni prima, nel 1996, Morsello compone una canzone dedicata a un personaggio che occupa un posto fisso nel pantheon dei gruppi nazifascisti europei: Léon Degrelle, generale nazista del contingente belga delle Waffen-SS. "Generale la tua spada è nel

vento / e ha la lama che punta nel sole / e la notte da dietro al tramonto, / che sale. / È il vapore del caffè che fischia / come un amico che ti vuole / come una nave che gonfia le vele / come la vita e i suoi misteri / come la gente che non li vuole."
Può un cantautore che esalta un criminale nazista – il generale Degrelle – essere celebrato da un coro di bambini modalità Zecchino d'Oro balneare? Torniamo nella struttura di Lido di Dante. *Nostri Canti Assassini*, opera di un terrorista latitante, diventa dunque come la recita della poesia. Le educatrici sono talmente fiere di avere insegnato ai bambini la canzone di Morsello che il karaoke collettivo viene registrato a imperitura memoria in un video postato sulla pagina Facebook dell'Associazione Evita Perón. Le immagini mostrano alcuni dettagli: sullo sfondo c'è un manifesto anni settanta della fiamma tricolore (storico simbolo dell'Msi nato da un disegno di Giorgio Almirante, oggi simbolo di Fratelli d'Italia); in un frame si vede un bimbo che afferra un crocefisso, immancabile agli eventi dell'ultracattolica Forza nuova.

Chi sono i bambini che partecipano alla colonia di Ravenna? Sono "i bambini italiani meno fortunati". Quelli a cui da anni, sul modello di quanto accadeva durante il fascismo, il partito di Fiore dà la possibilità di andare in vacanza (raccogliendo donazioni con un conto corrente di PostePay). È l'ormai collaudato welfare nero dei gruppi di estrema destra. È fatto dei rituali dell'alzabandiera, delle marcette, dell'inno della *Bandiera dei tre colori* (di Francesco Dall'Ongaro) di origini risorgimentali e poi adottato dai militari fascisti e dalle forze armate; dei laboratori cromatici con le lezioni sui colori della tradizione: bianco, rosso e nero, le tinte del cromatismo ariano. Un programma che mischia valori fascisti e tradizione cattolica. Il tutto ovviamente edulcorato in una dimensione ludica, da vacanza estiva con velleità pedagogiche.

Quando scopro che ai bambini viene fatta cantare

la canzone simbolo dell'eversione nera degli anni settanta penso che le colonie dell'ultradestra stiano facendo un "salto di qualità". Nell'ombra dell'indifferenza generale. E ovviamente sotto la nube del clima politico e sociale di questo tempo, dove sono tornati vecchi slogan e nuove parole d'ordine che raccordano al presente un passato duro a passare. L'indifferenza che c'è intorno alle iniziative che i gruppi neofascisti dedicano ai giovani è preoccupante. Perché nessuno vuole cogliere le similitudini, ancorché disomogenee e disarticolate, tra ciò che sta succedendo oggi, settantacinque anni dopo la fine del fascismo, e il Ventennio? Che cosa ci suggerisce l'immagine di bambini che cantano in coro il brano scritto da un fascista condannato per banda armata e latitante fino a due anni prima di morire?

"Pidocchio rosso"

Tutti zitti? Non tutti. Nel silenzio distratto della politica c'è qualcuno che non si gira dall'altra parte. Lui si chiama Sandro Pupillo. Da sette anni è consigliere comunale a Vicenza. È a capo della lista civica Da adesso in poi. Suo padre Giuseppe è stato presidente del Veneto, tra il 1993 e il 1994, Partito comunista. Sandro da cinque anni lotta contro una leucemia: ha fatto il trapianto del midollo ed è sottoposto a cure continue. Il 30 luglio 2019 pubblica un post su Facebook. Ha visto su qualche sito la pubblicità della colonia ravennate, è entrato nel portale dell'Associazione Evita Perón e ha schiacciato play sul video che riprende il solenne momento dell'alzabandiera nel campo estivo. Non è rimasto indifferente.

Scrive: "I militanti di Forza nuova stanno riorganizzando l'Opera nazionale balilla per l'assistenza e per l'educazione fisica e morale della gioventù. Sono pronti ad accogliere i vostri ragazzi (figli e figlie della lupa, balilla e piccole italiane) nelle loro colonie estive per far vivere alle future generazioni esperienze di vero e proprio coraggio fisico e patriottismo! In parole povere: meritiamo l'estinzione...". Il linciaggio squadrista della rete non si fa attendere. "Povero pidocchio rosso", "porco", "mentecatto", "parassita", e poi insulti e minacce, più o meno velate, di morte. Il manganello dei social non risparmia nemmeno le vicende personali di Pupillo, la sua malattia. "Crepa", "muori tu e i tuoi medici", "quando muori?" gli scrivono.

Le critiche all'associazione femminile di Forza nuova, che – si legge sul sito – "si rivolge alle donne oggi troppo spesso private della loro identità a causa dei guasti devastanti prodotti dal femminismo, perché tornino a rivendicare il loro diritto a essere madri del futuro della nostra società", costano caro al consigliere vicentino. Gli hater iniziano con l'ormai classico "Pupillo parlaci di Bibbiano" (con riferimento alla vicenda delle adozioni che in Emilia ha coinvolto alcuni politici del centrosinistra, il tema è diventato un cavallo di battaglia populista della Lega e dei gruppi di estrema destra nel 2019) e si arriva a un vero e proprio killeraggio social. Che si accanisce anche contro uno dei medici che hanno in cura Pupillo: i bastonatori del consigliere postano persino la fotografia del camice bianco per dileggiare lui e il suo paziente.

Chiedo a Pupillo cosa vuol dire per lui finire nel tritacarne dell'estrema destra squadrista. Venire colpiti anche nel punto debole della battaglia contro una grave malattia. "Io vengo da una cultura pacifista, non rispondo alla violenza verbale. Capisco che le radici dell'odio sono profonde, più di quanto possiamo immaginare. Capisco questi ragazzi come crescono, con quali valori, con che impostazione, e mi vengono i brividi. Mi sono trovato le gomme dell'auto tagliate, mi hanno bloccato la pagina Facebook. Tutto questo per cosa? Perché ho fatto notare che c'è un partito che ripropone le colonie in stile fascista? Era un mio dovere di consigliere comunale. L'Italia nasce dalla liberazione dal fascismo, le nostre leggi e la Costituzione vietano il fascismo." "Questi campi estivi," continua, "riproducono le modalità di quelli del Ventennio: sono un'anomalia che va denunciata." Gli racconto che, quando un anno prima descrissi, per la prima volta, il caso delle colonie forzanoviste, sui social fui travolto dalla solita schiuma maleodorante d'insulti di ogni tipo. Gli spiego che all'odio non ci si abitua mai, e che quando pensi di esserti ormai abituato, quello è forse il momento peggiore. Ma mi interessa sapere che cosa pensa lui, anche dal suo osservatorio politico nel Nord-est, dei giovani che diventano fascisti, magari per caso, oppure, all'inizio, per induzione, a bassa intensità. E poi vengono allenati a randellare il nemico. "L'aspetto più inquietante è proprio questa educazione allo squadrismo mediatico, che oggi passa dai social e domani chissà da quale altra piattaforma. Ma siccome per i giovani il web è vita, il passaggio dalla gogna e dall'agguato on line a quello fisico può diventare immediato. Chi alleva questi ragazzi all'intolleranza e al razzismo, alla discriminazione e alla sopraffazione del nemico di turno ha responsabilità politiche – ancor quando non penali – enormi."

Le educatrici

Desideria Raggi, pasionaria nera dell'Emilia-Romagna, è la responsabile nazionale dell'Associazione Evita Perón. Tutti gli anni, il 25 agosto, porta una corona di fiori al Cimitero monumentale di Ravenna per commemorare il gerarca fascista Ettore Muti. È uno dei suoi eroi. Ne parla così: "Nell'epoca dell'aridità storico-culturale, dove parola d'ordine è il revisionismo da parte dei soliti che, per decenni, hanno usurpato la storia italiana plasmandola a proprio piacimento, è dovere che si riconoscano le gesta di coloro che fecero grande la patria, è ora di riconoscere il tenente colonnello Ettore Muti, il Gim dagli occhi verdi, così soprannominato dal D'Annunzio, il militare più medagliato d'Italia, colui che, attraverso le sue gesta, da Fiume all'Etiopia, passando per Francia e Inghilterra, ha reso grande l'Italia in tempo di guerra".

Eccole, le educatrici dei nuovi balilla. Ecco le volontarie che portano in colonia i "bambini italiani meno fortunati" per insegnare l'"onore", la "lealtà", la "fede", il "coraggio", l'"arditismo", "l'amore per la patria".

Il lavoro sottotraccia dell'Associazione Evita Perón inizia undici anni fa. L'idea viene al camerata Giovanni Zampardi, che suggerisce l'apertura di un primo "nucleo" – li chiamano così – a Palermo. Subito se ne unisce un altro a Faenza. Il network femminile di Forza nuova – di fatto l'unica associazione fascista di donne in Italia, lo slogan è "femminilità militante" – si ramifica. Nord, Centro e Sud, ogni area una rappresentante: Desideria Raggi al Nord, Vera Provenzale al Centro e Roberta Ambrosi al Sud. I temi trattati sono quelli compresi nel "paniere" neofascista: famiglia tradizionale, violenza contro le donne (ovviamente minacciate sempre e solo dall'"invasore stupratore" straniero, giusto per citare un manifesto prodotto proprio da Forza nuova), no-gender, tutela dell'infanzia e dei minori, assistenza alle famiglie italiane in difficoltà.

I due punti di forza dell'associazione sono i corsi di autodifesa per le donne e le colonie estive. Curiosa la battaglia per il "reddito alle mamme". Curiosa perché nel mondo maschilista dell'ultradestra, così com'era durante il fascismo, la subordinazione e la subalternità della donna sono sempre state un classico. Inviolabile. Il che spiega anche l'esiguità della componente femminile nei movimenti della galassia nera.

Di questo aspetto, che pare immodificabile nel tempo, le volontarie fasciste dell'Associazione Evita Perón sono consapevoli. Sentite come declinano le loro rivendicazioni: "In un mondo nel quale si nega la stessa identità sessuale naturale dell'uomo e della donna, si incitano le donne a farsi grottesche imitatrici degli uomini e si sostiene che chi donna non lo è lo possa in qualche modo diventare, un'organizzazione come l'Associazione Evita Perón testimonia coi fatti come le donne possono valorizzare tutta la loro natura femminile e, al tempo stesso, 'essere esempio' e fare militanza di alto livello".

Già. Militanza di alto livello. Una sfida ambiziosa frustrata dalla realtà: al di là di qualche spot propagandistico, per lo più funzionale alla costruzione di campagne d'odio contro i "rischi che una donna corre anche solo a comprare il latte sotto casa" – campagne sempre associate all'immigrazione – in Forza nuova, come in CasaPound, come in tutti gli altri gruppi neofascisti, il rapporto uomo-donna tra i militanti è e resta specchio fedele di quella che fu la politica antifemminista adottata da Mussolini per consolidare il regime improntato sull'autoritarismo. Madre e casalinga. E procreatrice. Questa era la concezione della donna durante il fascismo. Oggetto di pubblica esaltazione, la maternità diventava elemento necessario per sostenere la forza nazionalista dello stato, attraverso, appunto, l'aumento demografico. Il progressivo allontanamento delle donne dalla sfera pubblica e dall'ambiente del lavoro – che le vedeva sostanzialmente estranee – si inverte solo a partire dal 1940. Ma per una ragione esclusivamente pratica: durante la Seconda guerra mondiale giovani e meno giovani sono chiamati alle armi e i loro posti di lavoro vengono così ricoperti da mogli, sorelle e donne. D'improvviso, in mancanza del capofamiglia, la donna si ritrova a dover provvedere al sostentamento di famiglie con figli numerosi.

Tra i fascisti del terzo millennio le donne militanti sono davvero poche rispetto agli uomini. Mi domando quale possa essere il tipo di modello pedagogico che le educatrici fasciste dell'Associazione Evita Perón, ammiratrici e nostalgiche dei gerarchi fascisti che omaggiano nei cimiteri, propongono ai bambini delle colonie. L'educazione fascista è maschia. Si basa sull'allenamento della mente e del corpo, lo abbiamo visto fino a qui. È la costante che si ripete in ogni ambiente lambito o contagiato dalla propaganda dell'ultradestra. Mi racconta un genitore di Forlì, operaio meccanico, quarantacinquenne ("Mai votato per nessun partito, solo M5S al primo giro poi basta"): "Ho mandato mio figlio in colonia perché gli insegnano il rispetto e le regole. Perché così stanno lontano dalle droghe e da tutta la merda che c'è in giro adesso. Io fascista? No. Però se mi chiedi cosa preferisco tra un fascista che lavora e che protegge la famiglia e un democratico che difende gli immigrati solo perché non ce li ha sotto casa ti dico che preferisco il fascista". Gli chiedo se la scelta della colonia per il figlio sia davvero dettata da ragioni economiche o se ci sia anche altro. "Non si naviga nell'oro, lavoriamo e se il bambino fa dei giorni di vacanza va bene. Forza nuova offre questa possibilità. Va bene. Lui si è divertito, ha imparato a dipingere, è diventato forte nel tiro alla fune, più forte di me che quando ero giovane facevo pesi. A me del fascismo non è che me ne freghi tanto. Cioè: non mi dà fastidio, non è che se uno è fascista allora penso chissà cosa. Ognuno fa quello che c'ha voglia e vota chi vuole. Però questa cosa delle colonie è una cosa buona che dovrebbe fare lo stato."

2.
Gioventù fascista

Sport per il popolo

Rugby. Calcio. Hockey. Pallanuoto. Motociclismo. Paracadutismo. Immersioni subacquee. Messa così, sembra il programma di una giornata in un villaggio turistico. No, è la proposta multidisciplinare di CasaPound. "Il nostro è un mondo a 360 gradi," disse anni fa, alla vigilia di un concerto degli ZetaZeroAlfa, Gianluca Iannone, il fondatore e capo pregiudicato dei fascisti del terzo millennio. "CasaPound è una comunità all'interno della quale i nostri ragazzi possono vivere esperienze diverse. Ma tutte ispirate agli stessi valori." L'idea di ramificare l'offerta sugli sport, dunque. Una chiara strategia di marketing politico. L'architettura si basa sulla possibilità popolare – anche da un punto di vista economico – di praticare sport, anche a livello professionistico, all'interno di un circuito che da metapolitico è diventato politico: sotto lo stesso simbolo, per gli stessi colori, dentro il perimetro di una comunità che si alimenta di uno spirito identitario di condivisione. Dal ragazzino al trentenne, il soldato politico che aderisce alla tartaruga nera è atleta e militante. Gioca a pallone, frequenta i concerti, le librerie, le conferenze, le manifestazioni: tutto Cpi. La galassia sportiva delle tartarughe nere – come ricostruito in un approfondimento dell'Anpi – ha un'occasione d'incontro ufficiale. Ogni anno, d'estate. Si chiama "SportFest". È rivolta a tutti i militanti, ma prevalentemente ai giovani. Una festa con gare sportive: rugby, calcetto, calcio balilla, sport di combattimento. Funziona anche come un open day: le famiglie possono accompagnare i figli non ancora maggiorenni a cimentarsi con attività fisiche e discipline varie. L'edizione del 2019 è stata la decima.

Asd Pro Appio (dal nome del quartiere): è la squadra di calcio di Cpi. "Calcio popolare." Colori sociali: nero e verde. Milita in seconda categoria e gioca nel campo dell'Asd Certosa in via di Centocelle 246. Il gruppo dei supporter si chiama Viarium Crew (l'Appia antica era detta anche "regina viarium"). L'affaccio della squadra sullo scenario del calcio popolare romano segue il binario classico: lo stratagemma collaudato dell'entrismo che caratterizza la destra neofascista. Dirigenti e militanti di Cpi fanno passare il concetto per cui il "calcio popolare non è di destra né di sinistra", che "la politica deve rimanere fuori dallo sport".

In zona Appio-Tuscolano all'inizio spuntano scritte spray TIFA PRO APPIO con tanto di celtica. Nel tempo si sono sbiadite. Forse perché nei pensieri dei militanti di Cpi ci sono le grandi squadre della capitale, Roma e Lazio, e le rispettive curve, luoghi dove si può fare propaganda e proselitismo. Curve nere. La loro presenza allo Stadio Olimpico si concentra soprattutto nella Sud giallorossa, dove i casapoundini si ritrovano dietro lo striscione del gruppo Padroni di casa. I Padroni – che in curva se la devono vedere con altri gruppi, altrettanto estremisti – sono gemellati con la Banda Thévenot di Lucca (sciolta nel 2017; il "thévenot" era una bomba a mano usata dagli Arditi durante la Prima guerra mondiale), Santa pirateria di Tivoli (il riferimento è agli uscocchi di D'Annunzio) e

Io e i miei amici di Arezzo (il nome deriva dal titolo di una canzone degli ZetaZeroAlfa).
Poi c'è l'hockey su ghiaccio. Nella strumentalizzazione di questo sport Cpi non ha mai lasciato nulla di intentato, anzi. Nel 2009 Iannone & Co. fondano Hockey club Bolzano Wild (partecipano al campionato amatoriale regionale). L'annuncio sulla pagina Facebook di Cpi è roboante: "Venti amici. Venti gladiatori. Una maschia gioventù dai diciott'anni ai quaranta. Romana volontà, nordico spirito guerriero e animo goliardico e gioioso". Gioventù fascista. La gioventù che piace ad Andrea Bonazza, il consigliere comunale di Bolzano che si presenta in aula con la felpa della Charlemagne, la divisione francese delle SS che durante la Seconda guerra mondiale combatté al fianco dei tedeschi. Bonazza, detto anche lui "il Capitano", è il capo ultrà dell'Hcb 1933, la squadra di hockey su ghiaccio di Bolzano, fra le più blasonate d'Italia (ma dal 2013 gioca nel campionato austriaco). Il gruppo curvaiolo si chiama i Figli di Bolzano e il suo leader, nel gennaio del 2019, è stato scomunicato dai vertici del club per una foto pubblicata su Instagram: Bonazza è ritratto accanto a un uomo travestito da Hitler e nel post ricorda l'anno di nascita della squadra bolzanina. Quel 1933 che sancì la definitiva salita al potere del nazismo in Germania. Scrive: "Era il capodanno del 1933... Lui [Hitler] mi spiegava che avrebbe conquistato l'Europa con la guerra, io rispondevo che a Bolzano stava nascendo uno squadrone di hockey che avrebbe conquistato anche lui". L'accostamento non è andato giù ai dirigenti della società sportiva che hanno preso le distanze spiegando che "l'ideologia deve stare fuori dall'hockey". Intanto, da capo ultrà, Bonazza ha fatto carriera: oggi è relatore a incontri internazionali promossi da Cpi, anche in Siria. Ma del "Capitano" si ricordano più che altro le intemperanze: nel 2014 a una manifestazione in ricordo delle foibe fa il saluto romano e viene condannato. Nel 2015

afferma che l'unico omicidio del regime fu quello di Giacomo Matteotti, mentre l'assassinio degli altri oppositori erano "stronzate".
Dai campi da hockey alle piscine. Si chiamano Black Sharks capitolini. Gli "squali neri". Ovviamente. Era la squadra di pallanuoto di CasaPound. Sono nati nel 2008 ed erano seguiti da un gruppo di giovani tifosi, i Black Sharks Crew. Negli ultimi anni il legame con CasaPound si è interrotto. Succede. Anche questo è un classico. L'iperattivismo metapolitico delle tartarughe nere – specie da quando hanno rinunciato a essere un partito politico tornando al movimentismo delle origini – è rotto in alcuni casi da questi stop-and-go: lanciano un gruppo, lo abbandonano e ne generano un altro. "Bisogna sempre innovare, dobbiamo fare panico mediatico": è il metodo di Rolando Mancini, il leaderino di Blocco studentesco (da cui escono anche i già citati Davide Di Stefano e Francesco Polacchi). Il "panico mediatico" è stordire i media, dare lo shock, spiazzare. La fascinazione e la suggestione che colpiscono i giovani sono la base della capacità attrattiva dei gruppi di estrema destra. Spacciano dosi di "arditismo" come chiave per affrontare la vita. Nel solco della tradizione fascista, dei balilla, degli avanguardisti, dei sabati neri dove la propaganda di Benito Mussolini era pop. "Nell'era in cui i ragazzi passano i pomeriggi chiusi nei centri commerciali, noi preferiamo un modello alternativo fatto di impegno, di militanza, di attenzione al sociale e anche, ovviamente, di evasione," mi racconta un sedicenne romano del quartiere Prati. Figlio di professionisti separati, ultrà della Roma, calciatore, un fratello maggiore daspato per disordini allo stadio.

Era considerato un ardito Pietro Taricone. È dall'incontro tra lui, l'ex concorrente della prima edizione della trasmissione televisiva *Il Grande Fratello*, e i militanti di Cpi che nasce l'idea di Istinto rapace, un gruppo di paracadutismo sportivo con l'obiettivo di arrivare a una squadra acrobatica. Nel giugno del 2010 Taricone, per quanto esperto paracadutista, commette un errore fatale durante un lancio. La sua scomparsa innesca la fine, progressiva, di Istinto rapace. I paracadutisti della tartaruga nera nel 2015 sono colpiti da un altro lutto: durante un'esercitazione militare un militante ascolano, particolarmente attivo nella Muvra, la branca di Cpi che si occupa di escursionismo, muore all'aeroporto di Tassignano, in provincia di Lucca.

Più fortunata l'esperienza con le immersioni subacquee. Nel 2010 nascono a Roma i Diavoli di mare. I militanti che si dedicano alle discese verso i fondali hanno oggi due sedi, una a Roma e una a Pomezia. Organizzano corsi, stage e immersioni collettive soprattutto sulla costa tirrenica, fra Napoli e il Monte Argentario, e a Grosseto hanno dato vita a un corso sub.

Infine, immancabile in una cultura che strizza l'occhio alla velocità, al machismo, alla forza: i motociclisti. I centauri dei fascisti del terzo millennio scorrazzano sotto l'effige, sfondo bordeaux, di Scuderie 7punto1 Asd – Motoclub CasaPound Italia. Perché "7punto1"? È un riferimento ai centauri, metafora dei motociclisti, le creature metà uomo e metà cavallo che Dante Alighieri incontra nel dodicesimo canto dell'*Inferno*: settimo (7) cerchio, primo (1) girone. Il simbolo è appunto la figura di un centauro. Anche qui constato ciò che già ho verificato per le associazioni "nere" che operano negli sport da combattimento: anche il Motoclub CasaPound Italia – che rientra nella categoria delle associazioni turistiche "eroiche" – è ufficialmente riconosciuto dalla Federazione motociclistica italiana, a sua volta affiliata al Coni. Con un dettaglio ulteriore: la Federazione motociclistica italiana è entrata ufficialmente nelle organizzazioni di volontariato della Protezione civile (ambito nel quale CasaPound è attiva da anni con l'associazione La Salamandra).

Le ho raccontate per capire come funzionano e,

soprattutto, perché funzionano. Ho provato a entrare nelle pieghe, nei meccanismi, nei luoghi dei gruppi, delle palestre, dei circoli dove l'estrema destra usa lo sport per fare proseliti. Distorcendolo e dandolo in pasto ai giovani. Quei giovani che vanno educati a diventare prima atleti, poi legionari, poi guerrieri, e poi uomini del domani. Dove la passione e il sudore degli allenamenti, la grinta, la fame di affermarsi, l'agonismo, lo spirito di competizione o, banalmente, il desiderio di stare in forma si saldano con l'altro pezzo: il nazionalismo, il tricolore, la patria, la difesa dei confini e della "tradizione italica" (ricordate Italica di Forza nuova?). La lotta contro l'invasore che è diverso da noi. Ho buttato la lente dietro quelle parole – identità, valori, rispetto, appartenenza – troppo spesso abusate e banalizzate, ma che in alcuni casi possono diventare un formidabile volano per spargere slogan intrisi di nostalgismo e di revisionismo. I guru di questa facile propaganda vogliono convincere i ragazzi che la società sovranista, come quella del Ventennio, ha bisogno di eroi, cittadini virtuosi pronti a darsi per la patria. Non ci sono guerre in questa narrazione farlocca. Anzi, sì: ci sono guerre, ma solo immaginarie. Montate e smontate per rappresentare emergenze inesistenti. Il tuo avversario diventa nemico. Non lo devi rispettare: lo devi azzerare. Sei lupo contro i lupi, come insegnano ai bambini guerrieri sul ring. Dietro la maschera della disciplina e delle regole ferree, sotto una manciata di polvere abbagliante che accompagna i giochi di prestigio dei "fascisti gentili".

La conquista dei giovani

A Milano incontro Saverio Ferrari, dell'Osservatorio democratico sulle nuove destre. Mi interessa sapere che cosa pensa del ritorno delle colonie modello anni trenta. Una proposta che va a braccetto, anzi che si inserisce nell'agenda del welfare nero dei gruppi neofascisti: i pacchi alimentari, la lotta per la casa, il contrasto all'immigrazione a favore dei residenti italiani delle periferie. "Le colonie e i campi scuola fanno parte del 'sotto'," mi dice Ferrari. "Nel profondo della società i fascisti sanno che ci sono strati della popolazione che sono contendibili. Lì, il neofascismo ha più presa. Dove ci sono dei bisogni, il primo che arriva e che li soddisfa vince. Si guadagna, se non il voto, l'adesione culturale, ideologica a un modello. E se quel modello viene dagli anni trenta, dal fascismo sociale attento ai disagiati per guadagnare potere, funziona allo stesso modo così." "Oggi," continua Ferrari, "l'estrema destra sta attraversando una fase da decifrare. Dopo la stagione di governo salviniana, che l'ha vista non protagonista ma – diciamo – comprimaria, o comunque in campo, i partiti neri stanno lavorando su un doppio livello. Quello politico, che è la superficie, e quello metapolitico, che è lo strato che sta sotto. Il primo li vede ballare tra Lega e Fratelli d'Italia. Con oscillamenti dettati dalle opportunità. Dipende da chi offre di più. Il secondo è quello dei campi estivi, delle colonie, delle scuole di formazione, dell'associazionismo, del volontariato sociale. Lì continuano a essere abbastanza capillari, soprattutto in certe aree del paese. Penso al Centro Italia ma anche ad alcuni pezzi del Nord. Portare avanti queste iniziative di educazione dei giovani vuol dire essere presenti sul territorio. Anche sottotraccia. Significa essere partito militante."

In effetti la differenza sostanziale tra i gruppi neofascisti e i partiti "tradizionali" – Pd, Lega, Forza Italia – sono la presenza e l'attivismo nel mondo dei giovani: scuole, stadi, musica, sport. La Lega ha vinto le elezioni politiche del 2018 e le Europee del 2019 perché meglio di tutti ha cavalcato l'onda della rabbia anti-immigrati e ha coniato slogan vincenti, a partire da quello scippato ai fascisti di CasaPound ("Prima gli italiani"). Ma per sfondare nell'universo giovanile ha dovuto saldarsi con i gruppi di estrema destra, stringendo patti in nome del sovranismo. La stessa crescita di Fratelli d'Italia, che ha recuperato in questi mesi l'eredità dell'Msi e aperto con iniziative territoriali a CasaPound e Forza nuova, la si deve alla capacità dell'ex Fronte della gioventù, Giorgia Meloni, di riattivare quei canali con la destra-destra: gli ambienti del neofascismo che prima vedevano il partito come un'entità poco movimentista e più votata al palazzo. Meloni si sta riprendendo quel mondo e la sfida sul terreno nero è proprio con la Lega. "Siamo alleati e competitor," ripete sempre la leader di FdI. Senza il fisico della "valchiria wagneriana fascista e razzista" di Marine Le Pen, ma più simile alla "parodia macha dell'Alice disneyana" – come l'ha definita Francesco Merlo su "Repubblica" –, Meloni sfodera una propaganda peronista e sa bene che cosa vogliono sentirsi dire quelli che non hanno ancora mezzo capello grigio, essendo stata per anni alla guida di Azione giovani, l'organizzazione giovanile e studentesca di Alleanza nazionale. Meloni intercetta i giovani di estrema destra con una facilità diversamente uguale a quella di Salvini. La differenza: è più politica. È cresciuta con un tirocinio di partito vero, dentro i quadri delle formazioni che hanno raccolto l'eredità politica del Partito nazionale fascista. I tasti da toccare per aggregare la gioventù che "non si arrende" li conosce a memoria. A partire dalle suggestioni per i simboli. Gli stessi che hanno sedotto anche lei quando iniziò a farsi strada – per carisma, tenacia e dedizione – nel vecchio Fronte della gioventù, il contenitore dei giovani missini. La fiamma (che ancora campeggia nel simbolo di FdI), l'arditismo, lo spirito comunitario e patriottico abbinati al sovranismo portato avanti – nel caso suo – da un partito che nazionalista e centralista lo è sempre stato (a differenza della Lega). Queste stelle polari hanno fatto sì che Meloni sia diventata l'"altra destra": il secondo faro a cui guardano i giovani fascisti. La scelta più naturale? Forse. Certo è che se fino a un anno fa il nazionalismo muscolare di Salvini monopolizzava la scena, da un po' di tempo le azioni di FdI sono salite e le opzioni per l'estrema destra sono diventate due: c'è anche lei, Meloni, un prodotto (riuscito) dei Campi Hobbit, tempra da borgata, in qualche modo un inedito per la galassia nera in quanto donna e leader in un ambiente maschile e maschilista. Salvini e Meloni pescano nello stesso lago. Se lo contendono. Usano esche e ami appena diversi. Più che complementari, sono alleati dentro una gara a chi arriva primo. Il Capitano ha ancora un ampio margine di vantaggio, ma intanto i terreni di contiguità tra i mondi che i due politici rappresentano si sono avvicinati. Sempre di più.

I campi nero-verdi

Un adolescente con lo zaino in spalla cammina lungo un sentiero di montagna verso un orizzonte infinito. Sotto c'è scritto IL DOMANI APPARTIENE A NOI. Due opliti tengono alto lo scudo e procedono. NULLA È PIÙ BELLO DELL'UOMO QUANDO AVANZA, recita lo slogan. In un altro manifesto c'è l'Etna che erutta: fiamme, bagliori che accendono la notte siciliana dedicata ai CANTI DI LOTTA SOTTO LE STELLE. Ecco il tedoforo con la fiaccola e, sotto, come sempre, i lupi. Lupi che abbaiano. Lupi nella tana. Lupi sul crinale di un monte. Lupi stilizzati.

I più raffinati li chiamano "kulturkampf". Sono i campi scuola estivi dell'estrema destra neofascista e neonazista. In Italia se ne organizzano decine, ogni anno. Ma non se ne parla. Quasi nessuno se ne occupa. Non compaiono, non entrano nel dibattito pubblico: sono come invisibili. Eppure esistono. È un mondo carsico che rispunta dagli anni settanta e ottanta, dai Campi Hobbit dove alcuni leader del sovranismo di oggi si sono formati. E da dove altri si staccavano per imboccare strade più ardite e scivolose. Nella stagione dell'etnonazionalismo, della lotta identitaria e della difesa sovranista dei confini, questo mondo ha ripreso a pulsare: dai social network ai campeggi, dai circoli della gioventù che resiste alla "Festa del sole" (la rituale kermesse lombarda di Lealtà Azione). Sotto gli slogan di stampo militar-marinettiano ("Il futuro si conquista combattendo"), caricati dall'enfasi ispirata al D'Annunzio più spinto, i soldati politici si incontrano nei campus. E fanno rete. CasaPound, Forza nuova, Lega, Fratelli d'Italia. Ognuno ha il suo programma di raduni e iniziative. In molti casi c'è collaborazione, ci si scambiano inviti. I relatori-formatori danno vita a un network che supera le divisioni partitiche e le competizioni tra movimenti. È un rimescolamento a destra. In cima alla filiera c'è il partito elettoralmente più forte, la Lega; subito sotto, in crescita, FdI; in mezzo, si spalma la galassia neofascista.

Che cosa si impara in una "scuola di coraggio fisico e patriottismo"? In cosa consiste l'apprendimento del "sentimento della disciplina e dell'educazione"? Le ultime kermesse nere dell'asse sovranista sono andate in scena nel settembre del 2019 a Catania. "Magmatica 2019" e "Campo Etna": "due campi scuola della destra identitaria", in contemporanea, spiegano gli organizzatori. A fare gli onori di casa Forza nuova e FederAzione, la rete delle realtà identitarie italiane. In cima all'agenda dei lavori, negli spazi del Villaggio turistico europeo, campeggiano tre parole: EUROPA, NAZIONE, FEDERAZIONE. Tra pranzi, cene comunitarie, concerti non conformi e pernottamenti "a prezzo cameratesco", i giovani vengono catechizzati sui focus intorno ai quali si costruisce l'identità del militante neofascista 2.0. Titoli: "Comunità e solidarietà di popolo"; "Il soldato politico: estetica, formazione, essere esempio"; "Sovranità monetaria e moneta di proprietà popolare"; "Strategie per una rivoluzione nazionale"; "Leggi liberticide e repressione in Italia, abrogare leggi Scelba e Mancino obiettivo primario dei movimenti nazionali"; "Sport di combattimento e difesa personale per un futuro di resistenza etnica". Quest'ultimo seminario è la prova provata, l'ennesima, dell'investimento dei gruppi neofascisti negli sport da combattimento. Della declinazione offerta ai giovani: devi imparare a combattere non solo e non tanto per spiccare in una disciplina, ma per "resistere" e fronteggiare l'"invasione etnica". Pugilato, kickboxing, muay thai e Mma intesi come armi di difesa personale per il futuro. Un futuro cupo e minaccioso, se si sta alla narrazione dell'ultradestra. Lo scenario raccontato da Roberto Fiore – guest star dell'appuntamento siciliano – prevede all'orizzonte uno scontro tra civiltà che pare la drammaturgia perfetta dei tempi delle crociate: da una parte i cristiano-europei, dall'altra il fronte musulmano, l'invasore che oggi sarebbe incoraggiato dai fantomatici sostenitori della sostituzione della razza.

La mattina, dopo colazione, i ragazzi vanno al mare e imparano a "cavalcare le onde". Il pomeriggio è dedicato a prove di resistenza fisica, giochi, sessioni di arti marziali. Corpo e mente. Azione e pensiero. Qui, al "network mediterraneo delle idee", il pensiero è affidato agli ospiti: storici, giornalisti, docenti. I temi politici spaziano dal "presidenzialismo" (la riforma per l'elezione diretta del capo dello stato, la prossima battaglia della destra sovranista), all'"Immaginario fiumano – a cento anni da un gesto ardito, eroico e italiano". Secondo uno schema ormai collaudato, tra gli invitati al campo politico ci sono rappresentanti di Lega e Fratelli d'Italia. Sono ospiti di Forza nuova e della rete identitaria italiana. Per il partito di Salvini c'è il deputato Vito Comencini, per Fratelli d'Italia Carolina Varchi. In attesa di poter eleggere direttamente il presidente della Repubblica, Comencini, di mestiere coltivatore diretto, lo insulta: nel settembre del 2019, quando prende forma il governo Pd-M5S, si lancia in un elegante "Mattarella mi fa schifo". Viene indagato per vilipendio al capo dello stato. Ma intanto sui social fa il botto di like.

Chi sono i soldati politici che partecipano alla doppia manifestazione catanese? Nel senso: da chi è composta la platea di giovani venuti per "formarsi"? C'è la crème de la crème dell'estrema destra italiana. Sedici gruppi. In prima fila il plotoncino di Lealtà Azione. Insieme a CasaPound, nel 2014, i "lealisti" – presenti nelle curve ultrà nere di Inter, Milan e Monza, e dell'Hockey Milano – sono stati i primi a stringere un patto con la Lega (grazie ai buoni servizi degli ufficiali di collegamento: l'ex eurodeputato Mario Borghezio, l'ex terrorista e oggi editore postnazista di "Orion" Maurizio Murelli, lo "sherpa" lumbard italo-russo Gianluca Savoini, anche lui di simpatie naziste, il deputato regionale del Carroccio Max Bastoni). Gli hammerskin di Lealtà Azione si mettono a disposizione di Salvini in nome del "Prima gli italiani". E della Lega continuano a essere amici: il classico appoggio esterno, come si dice in politica.

Poi viene il resto del gruppo. Spazio libero Cervantes Catania, Tana dei lupi Vittoria, Audaces Palermo, Audaces Caltanissetta – Spazio non conforme "La Fortezza", Oltre la linea Messina, Vento dello Stretto Messina, Nfp Reggio Calabria, Identità tradizionale Catanzaro, Oltre uomo Locri, Progetto enclave Bari, Spina nel fianco Potenza, Foro 753 Roma, Audere semper Pescara e Legio subalpina Torino. Quest'ultima è priva del suo leader: Carlo Fabio D'Allio, ventotto anni, un mese prima è stato arrestato dalla Digos di Torino in un blitz contro i gruppi di estrema destra collegati alle frange più violente degli ultrà della Juventus (Drughi giovinezza e tradizione). D'Allio è stato trovato in possesso di munizioni da guerra e materiale inneggiante a fascismo e nazismo.

Nella geografia della nuova gioventù fascista "Magmatica" è uno snodo. Va raccontata per questo. Perché rappresenta la fase due della saldatura tra Lega ed estrema destra, un processo che ho seguito e descritto fin dai suoi albori. Da quando Salvini scendeva in piazza insieme a CasaPound contro gli immigrati e il Capitano sovranista veniva acclamato dai fascisti: a Milano, a Roma, dove nel 2015, scortato dall'attuale presidente del Copasir Raffaele Volpi, è accolto come una star alle convention di Sovranità.

La parabola del partito un tempo autonomista e federalista che poi diventa, acrobaticamente, ultranazionalista. La svolta impressa da Salvini è un ordine per i suoi colonnelli. Qui, alla catena di controllo, ci sono i più giovani. Il diktat è: stringere patti con i gruppi neofascisti. Dopo il break sentimentale Lega-CasaPound del 2016 – ma il feeling sottotraccia non si è mai spento, c'è una lunga serie di fatti e dichiarazioni che lo attestano, fino a piazza San Giovanni (19 ottobre 2019) –, l'operazione riprende alla grande nel 2017-2018, quando Salvini scala il centrodestra fino ad arrivare poi a essere traino del governo gialloverde (Lega-M5S). Gli slogan del partito fondato dall'antifascista Umberto Bossi e quelli delle formazioni dell'ultradestra aderiscono perfettamente: lotta ad alzo zero contro gli immigrati, difesa territoriale della nazione, crociate per la famiglia tradizionale, sovranità monetaria e fronte anti-Ue. In nome di questa intesa, i giovani camerati e è mondo Lega diventano partner politici, vasi comunicanti. I gruppi fascisti servono a Salvini ben al di là del loro peso elettorale (sempre più sottile): gli servono perché sono la cerniera con i mondi che il Capitano ha oliato e massaggiato in questi anni. A partire da quello delle curve degli stadi ("gli ultrà sono la parte più bella del tifo, lì c'è calore e passione," disse Salvini da ministro dell'Interno dopo il caso Lucci, il capo ultrà del Milan pluripregiudicato che l'ex titolare del Viminale prese sottobraccio alla festa della curva Sud rossonera). Gli ultrà votano, tendenzialmente a destra: sono decine di migliaia di voti certi. Voti giovani. Bisognava portarli verso la Lega.

Salvini è furbo: usa il linguaggio destrutturato dei giovani meglio di ogni altro leader politico. Usa i social come loro e parla facile alternando celodurismo e carboidrati. In più, da tempo, ha imparato a usare i codici e gli slogan graditi ai camerati. Sa però che per poter dare continuità all'osmosi con la galassia identitaria e neofascista c'è bisogno di svecchiare anche i pontieri. Gente nuova, ricambio. E dunque: alla vigilia delle elezioni europee del 2019 scarica bruscamente l'uomo che più di tutti aveva lavorato su quel fronte: Mario Borghezio (non viene candidato), uno degli esponenti più neri della Lega insieme all'emissario con la Russia, l'ex fedelissimo portaborse Gianluca Savoini, detto "Nazi".

Avanti i giovani, decide Salvini. L'incarico di saldare i rapporti con l'estrema destra giovanile passa ad Andrea Crippa, trentatré anni, deputato monzese. Casualità: anche lui, come Savoini, è stato portavoce del Capitano. Un ruolo evidentemente foriero di soddisfazioni e avanzamenti di carriera. Crippa non è proprio un gigante della politica, ma ha portato a termine in modo decoroso una missione che lo ha fatto entrare nelle grazie di Salvini: la trasformazione dello storico (è del 1991) Movimento giovani padani – l'organizzazione giovanile della Lega – in Lega giovani. Da commissario, Crippa adatta il movimento al nuovo corso nazionale del partito: via i riferimenti al Nord e alla vecchia iconografia padana. Cambia anche il simbolo, che si adatta al revisionismo interno leghista (da partito settentrionale a partito nazionale). Al raduno di Pontida – settembre del 2019 – debutta il nuovo logo. È senza il sole delle Alpi di bossiana memoria e ha la scritta LEGA GIOVANI in blu. Fresco di nomina a vicesegretario (accanto a due pesi massimi come l'ex sottosegretario alla presidenza del Consiglio Giancarlo Giorgetti e l'ex ministro Lorenzo Fontana), Crippa fa quello per cui è ora incaricato: prendere sottobraccio i giovani balilla. Connetterli al partito che un tempo si allineava all'antifascismo familiare di Bossi. Salvini lo spedisce all'edizione 2018 di "Magmatica", al camping La Focetta Sicula di Messina. Fra teste rasate, croci celtiche, lupi e guerrieri, il giovane deputato apre il dibattito intitolato "Lo spirito identitario chiama ancora". Applausi. FederAzione e Forza nuova hanno un obiettivo chiaro e dichiarato: compattare il mondo dell'estrema destra, farlo crescere nell'alveo della Lega. Con interesse reciproco. In pratica lo stesso progetto che CasaPound aveva tentato nel 2014-2015, interlocutore sempre il partito di Salvini. E che poi ha visto in campo anche i camerati di FdI ("bisogna unire il fronte sovranista," dice Ignazio La Russa nel settembre del 2019, ospite della festa nazionale di CasaPound).

Nella Lega c'è un gruppo di parlamentari – europei, nazionali e regionali – che si occupa di tenere i rapporti col campo neofascista. Tra i più attivi, oltre a Crippa, il già citato Vito Comencini, il senatore Andrea Ostellari (presidente della II commissione Giustizia del Senato, ama indossare T-shirt nere con la scritta DEUS VULT, il grido di battaglia dei crociati), Igor Iezzi (vicinissimo a Lealtà Azione), il senatore teocon Simone Pillon (ospite anche ai raduni di CasaPound). E poi Paolo Grimoldi (fondatore del Movimento giovani padani), William De Vecchis, Jari Colla, Danilo Oscar Lancini, Silvia Sardone, Angelo Ciocca. Sono come artigiani al lavoro su una struttura che poggia già su fondamenta solide: la prima gettata, come racconta Claudio Gatti nel libro *I demoni di Salvini*, avviene nell'era presalviniana, quando capo era ancora Umberto Bossi e i postnazisti (tra i quali Borghezio e Murelli) iniziano a infiltrare la Lega. Sembra un'era glaciale fa, e invece quel processo oggi continua, più forte di prima. Perché oggi lo richiede la stagione politica e sociale che stiamo vivendo. "Io guardo al futuro," è una delle frasi-mantra di Salvini. Futuro uguale giovani. Giovani uguale nuova squadra. E la maglia è nero-verde.

"Facciamo marciare legioni diverse in un unico esercito." È il progetto politico della comunità FederAzione, il network nero che a Messina, due anni fa, accoglie l'emissario leghista Andrea Crippa. La tela ormai è cucita, i rapporti avviati. In alcuni casi, stretti. Dalla Sicilia alla Lombardia, i camp politici della nuova gioventù fascista sono palcoscenici dove salgono politici di Lega e Fratelli d'Italia. Due partiti prima alleati, poi no (quando la Lega è andata al governo con M5S Meloni & Co. erano all'opposizione), e, ora, amici e competitor sul terreno sovranista.

"Festa del sole" 2019. Il 5-6 luglio a Oleggio, in provincia di Novara, gli hammerskin di Lealtà Azione e il solito network FederAzione si riuniscono per l'annuale due giorni estiva. Un appuntamento che serve per contarsi e per contare sempre di più nella mappa della destra estrema. Da quando è nata nel 2011, Lealtà Azione è presente oggi in una dozzina di città, da nord a sud, da Udine a Catanzaro. Il nome del raduno rievoca gli antichi rituali pagani della mitologia nordica, gli stessi adottati, come abbiamo visto, anche dalle SS di Hitler. All'agriturismo Il Lago degli Elfi i "lupi" possono contare sulla presenza di una nutrita truppa leghista: due consiglieri regionali (il toscano Jacopo Alberti e il lombardo Massimiliano Bastoni) e tre europarlamentari (Lancini, l'ex forzista Sardone e Ciocca). Insieme a loro il collega di FdI Carlo Fidanza, da sempre uno degli anelli di congiunzione in Lombardia tra i gruppi nazifascisti e il palazzo.

I giovani avanguardisti di LA – testa rasata e magliette d'ordinanza bordeaux – assistono in religioso silenzio ai dibattiti ("Un modello federativo per un'Italia più forte", "Un'Europa da cambiare") e alla presentazione di un libro pubblicato da Ritter (casa editrice e libreria "specializzata in Storia Militare, Fascismo e Nazionalsocialismo, Armi e Forze Speciali, Neofascismo, Ultrà, Musica Alternativa ed Etnonazionalismo").

Sono loro gli "uomini nuovi". È anche a loro che pensa Maurizio Murelli quando afferma: "Credo sia opportuno che quelli della mia età si mettano nelle retrovie e si occupino della logistica, mandando avanti i giovani. Noi mettiamo a disposizione il munizionamento. Fabbrichiamo munizioni. Che poi le usino come meglio credono". Al di là della tragica ironia del caso (uno che ha fornito una bomba per uccidere un poliziotto avrebbe potuto scegliere un'altra metafora), ciò che Murelli dice (sempre nei *Demoni di Salvini*) rivela quali e quanti soggetti, con età, storie e provenienze diverse, siano al lavoro sul progetto: far crescere una nuova generazione di camerati.

Terza sezione
SONO TORNATI

1.
Geografia sovranista

Pianeti e satelliti

Bisogna immaginare due pianeti. E tanti satelliti che vi gravitano attorno. Sono corpi di varie dimensioni: si va dai piccoli gruppi, propaggini nate da frazioni interne ai partiti, a organizzazioni più strutturate, che magari iniziano a sentire il peso del tempo e si rinnovano con formule inedite. È la rete dei giovani fascisti: decine di sigle che, dopo anni di militanza in ordine sparso, si sono avvicinate come satelliti ai pianeti che le attirano con la loro energia e i loro numeri. La Lega di Matteo Salvini. E Fratelli d'Italia di Giorgia Meloni. Una rete nera, molto attiva nelle scuole superiori, che grazie soprattutto al partito del "Prima gli italiani" sta riscoprendo la passione della politica nelle sezioni.

In principio fu la tartaruga di CasaPound. Spostarsi verso il nuovo Carroccio sovranista fu una scelta naturale, frutto, anche qui, di rapporti cuciti nel tempo. I fratelli Simone e Davide Di Stefano, insieme al fondatore e dominus Gianluca Iannone, intuirono per primi, nella grande famiglia dei camerati, che il carrozzone leghista poteva e doveva essere la naturale collocazione per l'ormai ex partito (è tornato a essere movimento) dei fascisti del terzo millennio. Favori ricambiati. Aperture di credito. Endorsement reciproci. Cene conviviali. La stagione degli "amici al governo" – come li definì confidenzialmente Simone Di Stefano riferendosi ai sovranisti dell'esecutivo giallo-verde – finì praticamente sul più bello.

Salvini pubblica un libro-intervista con la casa editrice Altaforte. Fa parte del network commerciale di CasaPound ed è di proprietà dell'"orgogliosamente fascista" e pregiudicato Francesco Polacchi. "Me lo hanno chiesto, tutto qui," strinse le spalle l'allora ministro dell'Interno banalizzando e inviando i soliti "bacioni" arroganti a chi aveva sollevato l'inopportunità, per un ministro e vicepremier, di pubblicare con una casa editrice legata a un partito sotto inchiesta per tentata ricostituzione del Partito fascista. Ferragosto 2019: crisi di governo, esecutivo a casa e Capitano all'opposizione.

Ma il fronte giovanile sovranista ormai è completato. Intorno al pianeta Lega si muovono i satelliti. Il paziente lavoro sul territorio degli uomini di collegamento – tra campi scuola, convegni, seminari, kermesse identitarie come quella di CasaPound intitolata "Direzione rivoluzione" (l'ultima edizione nel settembre del 2019 a Verona ha visto pure qui ospitate di esponenti di Lega e FdI) – ha dato i suoi frutti. Da Roma al Veneto spuntano sigle su sigle. Sono gruppi di adolescenti e postadolescenti. Si avvicinano alla cosa nera gradualmente: prima simpatizzano, poi partecipano, poi militano. Se scavi, scopri che sotto la traccia che unisce le sigle – oltre all'ideologia – c'è il collante rappresentato dalla Lega: un partito che già mesi prima delle elezioni europee del 2019 è ascrivibile alla galassia della destra europea radicale. Dentro la quale, infatti, ha costruito solide alleanze.

Tornata elettorale per eleggere i deputati da mandare a Bruxelles: CasaPound e Forza nuova vengono prosciugate dalla Lega ("più della metà dei nostri ha votato per Salvini," ammettono Simone Di Stefano e Roberto Fiore, che pure riconoscono al Capitano l'abilità e la capacità di "portare avanti le nostre idee con efficacia e su larga scala"). L'Opa leghista sul mondo dell'ultradestra ha funzionato. E i voti pescati da Salvini nel lago nero sono voti giovani. Altri ne arriveranno, con le reti gettate in autunno e in inverno.

In tutto il paese

Blocco studentesco (CasaPound). Lotta studentesca (Forza nuova). Azione studentesca e Azione universitaria (vicine a Fratelli d'Italia), Gioventù nazionale (FdI). Generazione identitaria. La Foresta che avanza. Oltre la Linea. Sono i gruppi del neofascismo giovanile radicati a livello nazionale. Hanno strutture gerarchiche, direttivi, sezioni. Rispondono, direttamente o indirettamente, ai partiti neofascisti e ai loro capi. Prima dell'inizio di ogni anno scolastico lanciano un'offerta a macchia di leopardo fatta di campi scuola, escursioni, dibattiti, momenti comunitari, tornei sportivi, corsi di addestramento. Le parole d'ordine di capi e capetti fanno riferimento al "vivere ribelle", al "pensiero che diventa azione", al "domani che appartiene a noi". Predicano un ritorno alla natura e strizzano l'occhio al survivalismo (ricordate il caso estremo dei Dire Dogs, il branco formalmente slegato dalla politica ma con ideologie estremiste?). Sono quelli del "Tutto per la patria" e del "Vogliamo tutto". Tirano su barricate contro il "multiculturalismo e la mescolanza", sono pronti a ringhiare di fronte all'"invasione migratoria che alimenta il business dell'accoglienza e ci espone ai rischi del terrorismo". È l'agenda che ha dominato il dibattito pubblico nel biennio 2018-2019. Un'agenda che ha fatto la fortuna politica di Salvini e favorito il ritorno in campo, tra manifestazioni, provocazioni e violenze, delle formazioni neofasciste. Loro, i nuovi balilla, questi temi hanno imparato a masticarli. Il sovranismo populista si fonda sulla ricerca continua di un nemico, si nutre delle paure della gente che vengono continuamente alimentate per giustificare interventi e politiche a impostazione autoritaria.

"Siamo cresciuti come nessun'altra sigla nell'ultimo anno," dice nelle interviste Anthony La Mantia, presidente nazionale di Azione studentesca, rinata nel 2016 dopo lo scioglimento quando era ancora attaccata alla mammella di Fratelli d'Italia. "Apriamo sedi in tutta Italia e la nostra forza sono la componente identitaria e l'indipendenza dai partiti. Facciamo cose concrete, siamo un punto di riferimento nelle scuole: i ragazzi adesso guardano più a noi che ai collettivi di sinistra." In realtà quelli di Azione sono vicinissimi a Gioventù nazionale, il movimento giovanile di Fratelli d'Italia. Fanno iniziative insieme, volantinaggi, manifestazioni.

Azione studentesca ha sedi in una cinquantina di città: duecentocinquanta iscritti, che vuol dire militanti puri; due riunioni tecnico-operative a settimana; attacchinaggi e banchetti nei licei e istituti superiori.

Dalle foibe all'immigrazione, i tasti toccati sono i soliti. Azione ha fatto il botto a Firenze e si è presa lo sfizio di bucare in una città rossa dove "essere identitari vuol dir essere alternativi," continua La Mantia. "Una volta era il contrario: gli alternativi erano a sinistra. Oggi gli alternativi siamo noi." Nella città di Renzi Azione studentesca si salda con Casaggì, il secondo vero centro sociale di destra in Italia dopo CasaPound. Sono nati a due anni di distanza uno dall'altro (Cpi nel 2003, Casaggì nel 2005).

Tra i militanti di Lealtà Azione ci sono giovani, giovanissimi. Hanno dai tredici ai diciott'anni. Partecipano già alle azioni politiche e ai cortei. Manifestano contro le unioni civili, i gay, gli immigrati. Si rintanano dentro il guscio di una tradizione che li vuole aggressivi e intolleranti. Ma da quando il "fascismo sociale" ha iniziato a fare tendenza si improvvisano boyscout buoni: a Milano, Monza, Genova i membri di Lealtà Azione uniscono i saluti romani alle distribuzioni di generi alimentari agli italiani poveri, e lo stesso fanno i ragazzi di Blocco studentesco e Lotta studentesca. "Siamo la più bella realtà giovanile di Milano," dice il rampante Stefano Pavesi, consigliere di zona eletto nelle liste della Lega. Ha iniziato anche lui con i pacchi alimentari. La faccia pulita da bravo ragazzo della porta accanto, affidabile. Quello che aiuta i vicini quando hanno bisogno. Se sono questi i fascisti, ben vengano, gli dicevano in zona Municipio 8, a Milano. Pavesi sapeva quando e con chi esibire con orgoglio il suo credo fascista e quando invece sfumarlo.

Con la tecnica del doppio volto ha fatto carriera: dal welfare di frontiera fuori dai supermercati di quartiere è passato alle missioni internazionali. Lo hanno ammesso al Forum di Mosca, accanto a delegazioni diplomatiche e governative: lui, in prima linea per risolvere la questione Kosovo "che deve tornare a essere una regione della Serbia e di religione cristiana". Nella sua prima faccia Pavesi è un ultrà dell'Hockey Milano ed è stato denunciato per bagarinaggio. Non è l'unico, nelle fila di LA, a finire nella rete della giustizia: Francesco Baj, di Rosate, e Simone Tira, di Quarto Cagnino, entrambi militanti lealisti, appartenenti al gruppo ultrà Irriducibili dell'Inter, vengono arrestati per gli incidenti durante i quali il 26 dicembre 2018 muore Alessandro "Dede" Belardinelli. Baj aveva anche un ruolo dirigenziale e nella cascina Sant'Ambrogio di Rosate, gestita dalla sua famiglia, nel 2015 e nel 2016 si svolge l'edizione annuale della "Festa del sole".

Il mondo dell'ultradestra giovanile vive (anche) di paradossi. Quello di Francesco Baj è uno dei tanti.

Persino più evidente di quello di Pavesi che si occupa di geopolitica tra Serbia e Balcani. I due sono amici. Fanno entrambi parte della onlus Una voce nel silenzio, collegata a Lealtà Azione. Di che cosa si occupa? Di dar voce a "tutte quelle comunità che oggi si sentono perseguitate per la loro fede cristiana". Il 12 maggio 2018 gli ultrà cristiani Baj e Pavesi tengono una conferenza a Genova insieme a Giacomo Traverso, responsabile di LA Genova (gruppo La Superba): è anche lui un curvaiolo, denunciato dalla Digos per diffamazione aggravata dall'odio razziale.

I tre incontrano pubblico e stampa amica per spiegare che cosa è Una voce nel silenzio. Otto mesi dopo Baj è arrestato con l'accusa di aver partecipato al raid teppistico contro i tifosi del Napoli. Battaglie hooligan e preghiere, violenza ultrà e cristianesimo. È la contraddizione in termini dei "lupi" lealisti. In veste di presidente della Voce nel silenzio, il fascioleghista Pavesi fa capolino spesso ad Aleppo per portare la sua solidarietà al popolo siriano. La stessa cosa fanno i militanti di CasaPound.

È il doppio binario della militanza, il fascismo double face: caritatevole e picchiatore. Dice di sé Stefano Pavesi: "Sono un patriota che ama la terra dei suoi padri e vuole difendere i suoi fratelli aiutando i più poveri e bisognosi dei miei compatrioti: famiglie, pensionati, cristiani. Se questo è essere fascista, lo sono".

Gli slogan ricordano il Ventennio. Sono gli stessi sparati sui social – dove è onnipresente – dal menefreghista Salvini nella stagione del cattivismo. Menefreghista nel senso che ripeteva a tambur battente il "Me ne frego" di mussoliniana memoria. Musica per le orecchie dei giovani camerati cresciuti a pane e disciplina, ordine, spirito comunitario. L'educazione marziale e militante da applicare a ogni aspetto della vita. Non sono ancora maggiorenni questi studenti che virano verso la destra nazionalista e identitaria, che dichiarano guerra all'antifascismo, che si fanno beffe della Costituzione e delle sue radici antifasciste.

Mi racconta un militante di Blocco studentesco Latina, diciassette anni, terzo anno di istituto commerciale: "Adesso ci prendiamo quello che vogliamo. Abbiamo aspettato anni, siamo stati ghettizzati. Non ci volevano perché giovani e cultura erano roba della sinistra. Loro sono ancora lì che se la tirano da gran tromboni. Per noi contano le idee ma anche tanto i simboli. Se una bandiera è figa vale più di dieci assemblee dove magari parli e parli e non arrivi da nessuna parte. Nella nostra tradizione vive il senso dell'estetica: la scritta e il manifesto fatti bene, curati. L'azione organizzata con rigore. La differenza tra noi e i ragazzi di sinistra e dei centri sociali è la velocità: noi siamo svelti, trasformiamo la fascinazione in azione politica. La nostra militanza ci dà emozione e senso di appartenenza. La base è questa. Poi ti devi documentare, devi sapere le cose. Le prime letture per noi, quelle fondamentali, sono *Il capo di Cuib* di Codreanu e *Militia* di Léon Degrelle. Ma io leggo tutto. Mi sono letto i libri sul Capitano Ultimo, mi leggo Camilleri e pure la vita di Che Guevara. Ma anche i diari del duce e il *Mein Kampf*".

L'ultima battaglia dei giovani camerati è sulla cultura. Nel settembre del 2019 i militanti di Blocco studentesco di Forlì-Cesena inaugurano l'anno scolastico prendendo di mira la Biblioteca Malatestiana. L'azione ha un chiaro intento provocatorio e il classico impianto scenico neofascista: fumogeni tricolore, uno striscione con la scritta BALUARDO DI LIBERTÀ con il simbolo del Blocco (un fulmine racchiuso in un cerchio, scopiazzatura del logo dell'Unione britannica dei fascisti, British Union of Fascists – Buf).

"La cultura è un pilastro fondamentale per noi," spiega Luca Marinelli, responsabile del Blocco di Forlì-Cesena. "Da anni portiamo avanti conferenze, dibattiti e molto altro. Siamo un baluardo di libertà;

quella autentica e sdoganata da ogni logica meccanicistica." "Attualmente," continua, "la parola 'libertà' ha perso il significato profondo di un tempo e viene mascherata sotto false spoglie nella società attuale. È fondamentale per i giovani essere esempio di ciò che significhi realmente essere liberi."

La retorica dei giovani fascisti del terzo millennio punta sull'effetto stupore. Ma non è sempre chiarissima. I comunicatori elaborano slogan futuristi che spesso appaiono criptici e un po' ambiziosi: "La tua guerra ora", "Assaltando rideremo", "Ritrova te stesso". E però va detto che c'è stata un'evoluzione rispetto al marketing fittizio delle origini (nel 2008 gli studenti di estrema destra scendevano in piazza con le mazze cantando il finto qualunquismo politico del "Né rossi né neri solo liberi pensieri"). Oggi che il clima non è più ostile non c'è più bisogno di far finta di non essere fascisti, anzi. Il motto è: Avanzare.

Capillarmente, da nord a sud in ogni città e regione le sigle dell'ultradestra hanno messo una loro bandierina. Veneto fronte skinheads e Fortezza Europa in Veneto; Do.Ra., Lealtà Azione e Avamposto in Lombardia; Legio subalpina e Rebel Firm in Piemonte; Casaggì e Gioventù universitaria in Toscana; Movimento studentesco, Foro 753, Gioventù identitaria, Generazione popolare, Nes e Foedus nel Lazio; Rivolta studentesca italiana in Sardegna; Audaces, Spazio libero Cervantes, Assalto studentesco, Oltre la linea e Identità tradizionale in Sicilia; Spina nel fianco in Basilicata; Audere semper in Abruzzo.

Tra i nipotini di Benito, a capo di gruppi e associazioni, ci sono anche figli e nipoti d'arte. Alessandro Fiore, figlio di Roberto, uno degli undici eredi del capo forzanovista, è portavoce dell'associazione Pro vita, quelli del convegno delle famiglie a Verona che ha visto ultracattolici ed estrema destra partecipare ai lavori e marciare a braccetto tra feti di plastica distribuiti in sala e dibattiti oscurantisti. Edoardo Arrigo, nipote di Gianni Alemanno, è leader di Generazione popolare, una delle formazioni anagraficamente più fresche dell'estrema destra capitolina; molto attiva nei licei, Generazione si contende la scena romana, oltre che con il casapoundista Blocco studentesco (che ha avuto come capi Davide Di Stefano e Francesco Polacchi), con Nes (acronimo di Nihil est superior). Convegni, cortei, occupazioni scolastiche, presentazioni di libri su foibe e revisionismo: i licei di riferimento sono il Mameli e il Giulio Cesare. Fedeli allo schema politico nazionale, i soldati politici organizzano cose con i loro nuovi partner. Chi sono? I militanti della Lega. Entrambe le fazioni hanno a cuore i confini, condividono la politica dei porti chiusi, la battaglia contro le Ong. Sostengono Orbán e non disdegnano affatto il ritorno delle ronde nei quartieri (un altro elemento in comune).

La sinergia nero-verde sforna un ricco calendario di kermesse identitarie e campi scuola, tenuti a battesimo anche dai big del partito di Salvini. A Frosinone a luglio va in scena "Castrum". Come riportato dall'"Espresso", al think tank della gioventù sovranista romana partecipano pezzi grossi del Carroccio: l'allora sottosegretario Claudio Durigon, il vicepresidente dei deputati Francesco Zicchieri e il capogruppo del Comune di Roma Maurizio Politi. Politi, trentacinque anni, già An, Pdl e Fratelli d'Italia prima di passare alla Lega, fa nella capitale quello che Andrea Crippa fa al Nord: è la cerniera tra il partito di Salvini e i gruppi neri. Il referente dei camerati in Campidoglio è lui. Quando c'è da organizzare presidi statici o cortei per manifestare contro spaccio, degrado, insicurezza, campi rom, è Politi che si occupa di permessi e autorizzazioni. Lui invita le prime e le seconde file della balena verde, anzi, ormai blu, in occasione di eventi ultraconservatori dove si discute di guerra alla globalizzazione e difesa dei valori e della famiglia tradizionale. I baby fasci di Generazione popolare sono antiabortisti quanto i teocon della Lega: fisiologico trovarli sulla stessa barricata. Direttore d'orchestra è, a questi eventi, l'onnipresente (alle manifestazioni sovraniste ultracattoliche) senatore Pillon. Novembre 2018: "Empireo", organizzata a Milano da Generazione popolare. È una delle manifestazioni anticamera con cui il mondo no-gender e no-gay si prepara al convegno internazionale di Verona. Il capetto romano Edoardo Arrigo e Maurizio Politi mettono insieme nel parterre degli ospiti Pillon e Luca Toccalini, il giovane deputato a cui Crippa ha affidato il coordinamento della Lega giovani.

Che stile

Le scuole di "coraggio fisico e patriottismo" sono la palestra. Poi si scende in campo. Le rivolte nelle periferie: Casal Bruciato, Casale San Nicola, Torre Maura. Le ronde intorno ai parcheggi per impedire l'insediarsi di camper e roulotte dei rom. Le vedette che annunciano l'arrivo dei van che trasportano famiglie di richiedenti asilo, le staffette che – grazie alle soffiate di chi sta dentro il palazzo – sanno in quale quartiere di Roma c'è l'appartamento di turno, o più d'uno, da assegnare ai migranti. I camerati che difendono la patria li riconosci anche dal look: tuta, bomber, scarpe New Balance, cappellino. I loro capi portano barbe lunghe e curate da guerrieri celtici, aizzano la manovalanza coi megafoni.

"Ci vogliamo riconoscere anche esteticamente, ma lo stile non è solo vestire in un certo modo," mi spiega a Roma un giovane militante di Forza nuova, ultrà romanista. "Per noi è fondamentale agire sempre nel rispetto del nostro approccio: che è la gerarchia. Se fai una cazzata la paghi. Ti fai cento flessioni in sede, davanti a tutti, e magari mentre le fai i camerati ti prendono a calci. Si impara anche dagli errori. Se fai attacchinaggio e ti distrai, e non guardi le spalle al camerata che sta incollando il manifesto, metti a rischio lui e te stesso. Siamo come i militari: non puoi sgarrare. Se ti va bene è così, altrimenti l'estrema destra non fa per te."

Un giorno qualunque sui tizzoni ardenti di un quartiere polveriera nella periferia della capitale d'Italia. I risultati del tirocinio dei balilla 2.0 hanno una rappresentazione plastica nelle scene che abbiamo visto in televisione nel 2019. L'abitudine a maneggiare e diffondere odio e intolleranza, a vomitarli addosso al nemico invasore, è la fase pratica dell'apprendimento teorico: le sessioni di allenamento per imparare a combattere in vista della "resistenza etnica"; le full immersion di geopolitica con i teorici della sostituzione della razza, i seminari dove si parte dal sovranismo monetario per arrivare a teorizzare che il popolo sovrano ha tutto il diritto di escludere lo straniero e lasciarlo morire in mezzo al mare.

Le barricate antimigranti sono lo specchio delle saldature. Quel mondo sotterraneo che si riconosce nella matrice identitaria si ritrova insieme sulla strada: CasaPound, Forza nuova, Lega-Noi con Salvini e Fratelli d'Italia. Ognuno con le sue bandiere o comunque coi suoi segni di riconoscimento. Alleati e competitor. Ma alla fine più alleati che competitor. I diverbi tra militanti su chi ha la priorità di occupare l'avamposto da cui protestare e insultare meglio i nuovi ospiti stranieri sono tristemente divertenti. I "pischelli", come li chiamano a Roma, sono guidati dai colonnelli forzanovisti e casapoundisti. Sulle barricate ritrovi il fior fiore della fascisteria capitolina, la stessa che il 9 settembre 2019 – tra cori e saluti romani – si dà appuntamento davanti a piazza Montecitorio per il Vaffa Day di FdI e Lega contro il premier Giuseppe Conte. Gli Antonini di CasaPound, Andrea e Mauro. Il primo è vicepresidente del movimento e direttore editoriale di Altaforte (la casa editrice della "ditta"), ha una condanna in primo grado a tre anni e sette mesi di reclusione per gli incidenti scoppiati a Casale San Nicola e nel 2016 un'altra condanna (primo grado anche qui): secondo i giudici avrebbe agevolato il narcotrafficante Mario Santafede nell'ottenere una carta di identità taroccata. Inciampi giudiziari che non hanno fermato la sua attività di guru nell'avvio alla militanza delle nuove leve: tra presentazioni di libri e seminari sul sostituzionismo, Andrea Antonini trova il tempo, insieme a Gianluca Iannone, di tenere le fila dei cortei commemorativi per i camerati caduti. A Milano c'erano tutti e due, il 29 aprile 2019, con una folta delegazione romana, a onorare la memoria di Sergio Ramelli. Naziskin, ultrà, ex terroristi neri, insieme a deputati regionali e nazionali di Lega e FdI. Ci sono scontri con le forze dell'ordine perché il corteo nero vìola il divieto di sfilare imposto dal prefetto. Poi, immancabile, va in scena il saluto romano collettivo sul luogo dove fu ucciso il giovane studente del Fronte della gioventù.

L'altro Antonini è Mauro. Una denuncia per istigazione all'odio razziale (di cui alla data di pubblicazione di questo libro non si conoscono gli sviluppi) e una candidatura a presidente della Regione Lazio: più "testimoniale" che altro. Ma fa curriculum. È servita ad Antonini per accreditarsi a leader delle proteste fasciste nelle periferie. Lui è quello che inquadra i ragazzi, che ci mette la faccia, che difende la posizione discutendo con un esponente di FdI, che viene infine affrontato e disinnescato – clamorosamente – da un ragazzino pacifista quindicenne. Simone, detto "Simoncino". Residente a Torre Maura, non razzista e non xenofobo. Lui non ha mai partecipato a un kulturkampf. Della "destra sociale" – quella che Giorgia Meloni vorrebbe veder crescere in Italia, e dopo quelle parole il leader di CasaPound ha aperto a FdI – ha visto la faccia peggiore, la più vera: quella che calpesta i panini messi a disposizione dalle associazioni che accolgono i bambini fuggiti coi genitori dalla fame e dalle guerre. Simoncino sfida Antonini. "Io seguo il buon senso... Nessuno deve essere lasciato indietro, né italiani né rom né nessun altro. Io non mi faccio spingere dalle vostre cose per prendere voti." I capoccia fascisti provano a zittirlo dicendo che siccome ha quindici anni e ascolta i rapper vive "di fantasie", "Diamogli tempo di crescere, di farsi una famiglia". Lui tiene il punto: "Lo stato deve essere stato per tutti. Deve aiutare tutti". Il video della scena diventa virale. Il siparietto è illuminante: Simone, da solo, tornando da scuola, con lo zaino sulle spalle, affronta i camerati razzisti che, dopo un po', iniziano a prenderlo in giro, e poi a insultarlo. Uno gli fa: "Sei fortunato perché se uno dei nostri veniva a una vostra manifestazione [dando per scontato che il quindicenne Simone sia politicizzato; non è così e si capisce] lo picchiavate". Loro invece, buon cuore nero, non gli fanno niente: lo lasciano persino parlare. "Vatte a fa' du passi", "Ma vvai a casa tua e chiudi la porta a chiave", "Tu hai quindici anni, cresci, fatti una famiglia e poi ne riparliamo".

I soldati politici della destra radicale non ammettono intrusioni: nemmeno quella di un ragazzino. Con la stessa disciplina militare con cui difendono le loro sedi, presidiano anche la piazza, il territorio. Quando se lo prendono diventano i paladini del quartiere. Sono i guardiani del popolo che vuole i muri e chiede ai camerati di tenere lontani gli invasori stranieri. I giovani guerrieri dell'ultradestra hanno una formazione, delle regole rigide. Seguono un codice, che viene da lontano. Vediamo da dove.

Dottrina X^a Mas

Trieste, 16 ottobre 2019. La città si ferma per i funerali solenni di Matteo Demenego e Pierluigi Rotta, gli agenti di polizia uccisi dodici giorni prima da Alejandro Augusto Stephan Meran, ventinovenne dominicano, fermato per un tentativo di furto e portato in questura insieme al fratello Carlysle. Il far west scatenato da Meran – che falcia i due poliziotti dopo aver sottratto a entrambi le pistole d'ordinanza – ha scosso l'Italia suscitando dolore e polemiche. All'ultimo saluto a Demenego e Rotta partecipano migliaia di persone. Tra le autorità ci sono il ministro dell'Interno Luciana Lamorgese, il presidente della Camera Roberto Fico e il capo della polizia Franco Gabrielli. Il sindaco di Trieste Roberto Dipiazza – che nel 2017, durante la trasmissione *Ring*, sull'emittente locale Telenova, si lasciò andare a un saluto romano in diretta ("A noi!") e nel 2018 portò i saluti ufficiali al raduno triestino di Forza nuova – ha dichiarato il lutto cittadino: bandiere degli edifici pubblici a mezz'asta, molti negozi con le serrande abbassate.

Sul sagrato della chiesa di Sant'Antonio Taumaturgo, tra i tanti gonfaloni ufficiali – Comune, Regione, Polizia di stato, Arma dei Carabinieri – spunta anche quello dell'Associazione combattenti X^a Mas: la flottiglia dell'esercito della Repubblica sociale italiana. Sul vessillo rettangolare a sfondo blu c'è il simbolo della X^a Mas, lo scudetto in cui è disegnata una X sormontata da un teschio con una rosa in bocca, e il motto del corpo (PER L'ONORE E LA BANDIERA D'ITALIA). Quasi nessuno nota quel gonfalone. In fondo, in una giornata così, può essere un dettaglio irrilevante. È la giornata del cordoglio e della commozione. Una giornata che accresce il diluvio di rabbia e di odio che inonda i social da giorni: il duplice omicidio è stato compiuto da un cittadino straniero. Circostanza che, come sempre accade, viene strumentalizzata dalla destra che cavalca una tragedia enorme per fare propaganda sull'immigrazione incontrollata (Meran viveva con la famiglia a Trieste da anni). Ma il vessillo della X^a Mas non sfugge a chi conosce quel corpo meglio di altri: i militanti e simpatizzanti di CasaPound e Forza nuova. Che a Trieste hanno sedi e organizzano spesso manifestazioni.

Il 3 novembre 2018 migliaia di camerati hanno sfilato in una città blindata per celebrare "il centenario della vittoria italiana nella Grande guerra". Corteo firmato CasaPound, striscioni con scritto VITTORIA e LA DIFESA DELLA PATRIA È UN DOVERE SACRO. Ma torniamo al gonfalone della X^a Mas. Perché questa unità speciale della Marina italiana (che prende il nome dal motto dannunziano "Memento audere semper" – Mas), attiva nella Seconda guerra mondiale, rappresenta un patrimonio della memoria non solo per i reduci repubblichini? Perché anche i giovani neofascisti ne ricordano le gesta e il simbolo (non sono pochi i camerati che si tatuano il teschio con la rosa in bocca)?

La risposta va cercata nel decalogo della X^a Mas. Le dieci regole alle quali gli incursori della flottiglia dovevano attenersi sono diventate le regole dei militanti di estrema destra. In particolare quelli di Forza nuova, ma anche di altre formazioni più piccole che come il partito di Fiore danno estrema importanza all'indottrinamento e all'impostazione militare.

La disciplina neofascista è da caserma: anzi, da corpo dell'esercito. Alla base c'è il rispetto delle gerarchie. Il giovane militante deve rispettare le disposizioni che arrivano dal responsabile di sezione. Che magari a sua volta – dipende dai casi e dalle varie realtà – le riceve a cascata da chi è stato incaricato di seguire una parte dell'attività del movimento: l'organizzazione delle manifestazioni, l'attacchinaggio, le azioni, il presidio della sede, la formazione. Ognuno è specializzato o dovrebbe specializzarsi nelle varie aree della politica, interna ed estera; sulle questioni urbane più importanti – con priorità alle situazioni di conflitto sociale derivate dalla presenza di immigrati –; sulle iniziative culturali come la presentazione di libri o la proiezione di film e documentari. "Una volta si faceva un lavoro anche culturale," mi racconta Massimo Perrone, ex dirigente di Forza nuova e un tempo addetto proprio alla formazione delle sedi, oggi distante dal partito e dalla politica attiva. "Giravo tutta Italia. Si faceva leva sull'illusione del cattolicesimo tradizionalista e Fiore illudeva i ragazzi dicendo che avrebbero salvato la nazione. Anche se poi i ragazzi dovevano sottostare a dinamiche che avevano più a che fare con l'interesse individuale del capo che con gli ideali della lotta politica vera e propria." E oggi? "È rimasto l'inquadramento, il tirocinio di stampo militare. Il ragazzo si sente forte perché lo fanno sentire così. Ma dietro, contenuti zero."

Per capire come avviene l'inquadramento bisogna prendere il decalogo della X^a Mas. È facilmente consultabile sul sito dell'associazione – "l'unica ufficiale e autorizzata esistente in Italia," è specificato.

1. STAI ZITTO. È indispensabile mantenere il segreto anche nei minimi particolari e con chiunque.

2. SII SERIO E MODESTO. Hai promesso di comportarti da Ardito. Non si fa di una promessa così bella lo sgabello per la tua vanità. Solo i fatti parleranno.

3. NON SOLLECITARE RICOMPENSE. La più bella ricompensa è la coscienza di aver portato a termine la missione che ci è affidata.

4. SII DISCIPLINATO. Prima del coraggio e dell'abilità ti è richiesta la disciplina: dello spirito e del corpo.

5. NON AVERE FRETTA DI OPERARE. Potrai operare solo quando il tuo cuore, il tuo cervello e il tuo corpo saranno pronti. Se sei impaziente non sei pronto. L'addestramento non è mai eccessivo. Devi appassionarti a esso e migliorarti ogni giorno. Solo chi ti comanda è giudice insindacabile delle tue possibilità.

6. DEVI AVERE IL CORAGGIO DEI FORTI, NON QUELLO DEI DISPERATI. Ti sarà richiesto uno sforzo enorme, solo al di là del quale sta il successo. La tua determinazione di riuscire a ogni costo deve nascere dal profondo del tuo cuore, espressione del tuo amore per la

Patria, e non deve essere il gesto di un disperato, di un mancato o di un disilluso.

7. LA TUA VITA È PREZIOSA, MA L'OBIETTIVO È PIÙ PREZIOSO. Devi ricordartelo nel momento dell'azione. Ripetilo a te stesso cento volte al giorno e giura che non fallirai la prova.

8. NON DARE INFORMAZIONI AL NEMICO. Se dopo avere operato cadi prigioniero ricordati che al nemico devi comunicare solo le tue generalità e il tuo grado.

9. SII SEMPRE FIERO DI ESSERE ITALIANO, SII DIGNITOSO.

10. SE CADRAI MILLE ALTRI TI SEGUIRANNO: DA GREGARIO DIVENTERAI UN CAPO, UNA GUIDA, UN ESEMPIO.

Le regole sono state ovviamente adattate allo scenario attuale. La parola "ardito" è stata sostituita da "camerata". Il "nemico" che un tempo era rappresentato dalle truppe alleate oggi è l'avversario politico o le forze dell'ordine e la magistratura. Ma tutto il resto vive: la disciplina, l'addestramento, la dignità, l'amore per la patria che torna oggi fortemente nell'agenda politica. E dunque la fierezza di essere italiano che nella narrazione della destra diventa "Orgoglio italiano". Nei proclami dei capi dei gruppi neofascisti il soldato politico è pronto – ancora oggi, in tempo di pace – a sacrificare la propria vita; deve stare lontano dalla droga e dedicarsi – come abbiamo visto – alla severa preparazione fisica e all'arte del combattimento.

Sembra surreale. E invece è quello che avviene in Forza nuova e nelle formazioni più estremiste della galassia skinhead e hammerskin: dal Veneto fronte skinheads alla Comunità militante dei dodici raggi. In ballo oggi non c'è l'attacco a Malta del 1941 o l'impresa della Baia di Suda o quella di Alessandria contro la Royal Navy. Ma per l'estrema destra ogni epoca ha un nemico straniero: vero o immaginario. E così l'insegnamento della X[a] Mas non se ne va mai in soffitta.

2.
I giovani di Pontida non sono più padani

La casa brucia

"Vai via, ebreo!" Gad Lerner si fa largo tra la folla nel pratone leghista di Pontida. È un luogo che il giornalista conosce bene, è stato tra i primi a raccontare il raduno-simbolo della Lega quando sul palco non c'era il Capitano in camicia bianca ma la camicia verde di Umberto Bossi. Nessuno, anni fa, nella prima Lega, dove pure c'era chi lavorava per introdurre ideologie evoliane, suprematiste e nazionalsocialiste, si sarebbe sognato di insultare un ebreo in quanto ebreo. Non qui. Non nella spianata d'erba e fango dedicata ad Alberto da Giussano, l'eroe dei leghisti di ogni generazione. A nessuno sarebbe mai venuto in mente di presentarsi con croci celtiche al collo e cappellini con simboli runici: e invece adesso ci sono. Effetti della fascistizzazione della Lega. Li avevo già visti. Di quel trapasso avevo raccontato la genesi. Ma ciò che mi interessa, adesso, sono i giovani. 15 settembre 2019.

Dove sono finiti i Giovani padani? Quelli che inneggiavano alla secessione, che indossavano le magliette con su scritto ROMA LADRONA, PADANIA LIBERA, NOI NON SIAMO MERIDIONALI? Quelli che alzavano i boccali di birra col giovane e meno istituzionale Salvini, e via cori contro i "napoletani che puzzano" e fanno scappare anche i cani? Spariti? Che cosa gli è successo da quando i maghi leghisti hanno riplasmato il partito? Salvini e i colonnelli a quei giovani hanno detto che i "terroni" non sono più nemici ma alleati e fratelli: gli unici nemici sono gli immigrati, gli islamici, la gente che sbarca e che viene "accolta dallo stato negli alberghi a tre stelle".

Un soldato medievale in piedi su un muretto. Dietro, spuntano spade sguainate e bandiere. C'è un esercito pronto a combattere. Il soldato stringe spada e scudo, sul pettorale ha dipinta la croce. È lui, l'Alberto da Giussano, il condottiero che secondo la leggenda avrebbe guidato vittoriosamente le truppe della Lega lombarda nella battaglia di Legnano nel 1176. Il simbolo leghista sventola sui vessilli di Lega giovani. Giovani italiani, non più padani. C'erano una volta. Non ci sono più.

Il kulturkampf dei baby leghisti è la vigilia di Pontida. È il momento liturgico più alto nell'ortodossia del militante. Prima che venga invaso da decine di migliaia di persone, la domenica mattina, il prato – anzi la collinetta che lo sovrasta – nelle ore che precedono il raduno è roba loro: dei ragazzi. Età dai quindici ai venticinque anni. Tende, plaid, birra, musica e canti. Politica e aggregazione. Nell'ultima edizione di Pontida su quella collinetta, assieme ai vessilli territoriali – Lombardia, Veneto, Sardegna, Umbria, Marche –, sono adagiati anche dei tricolori. Ma come? Ci siamo persi qualcosa? No. È la storia che cambia. A scaldare l'atmosfera ci pensa il deputato veneto trentaduenne Vito Comencini: carica a testa bassa il capo dello stato: "Questo presidente della Repubblica, lo posso dire? Mi fa schifo. Mi fa schifo chi non tiene conto del voto del 34 per cento degli italiani". Un attacco frontale alla più alta carica del paese: non esattamente una genialata per un esponente neosovranista. Ma a

Pontida, si sa, le parole corrono, e sono sempre state sopra le righe.

Che differenza c'è, oggi, tra gli under della Lega e quelli di Gioventù nazionale (Fratelli d'Italia)? E con quelli di CasaPound, Forza nuova, Lealtà Azione e la galassia di satelliti di cui abbiamo parlato? Sfumature, forse. A volte persino difficili da cogliere. Perché la sostanza è la stessa: identica pasta sovranista. Sui temi chiave sono allineati. Si ritrovano insieme in piazza, ai convegni, nei campi scuola, ora senza più nascondersi. Lega giovani e hammerskin neonazisti condividono appuntamenti, si scambiano inviti, e lo stesso la nuova generazione leghista fa con i patrioti della tartaruga nera (Cpi) e con Forza nuova. Sotto l'egida dei vari Crippa e Toccalini.

Forse era già tutto scritto. Anche quando il revisionismo interno alla Lega non si era ancora definitivamente compiuto. Max Ferrari, quarantotto anni, varesino, è stato presidente dell'Associazione Lombardia-Cina (per dire come vanno le cose in Lega: c'è Lombardia-Russia presieduta dall'uomo nero Gianluca Savoini, e c'è pure Lombardia-Cina). Già direttore di TelePadania, era uno dei nomi della seconda Lega: quella tra Bossi e Maroni. Ferrari era molto amato dalla base dura e pura del Carroccio. Soprattutto dai giovani. Per il Movimento giovani padani era un punto di riferimento: incarnava l'ala movimentista e secessionista del partito, rispondeva ai ragazzi, li invitava in via Bellerio, dava spazio a iniziative sugli schermi della tv della casa. Fino al fattaccio. Nell'aprile del 2006, nel giorno delle elezioni politiche, guida un'irruzione nella sede di via Bellerio per contestare Rosy Mauro e il cosiddetto "cerchio magico" che stringe Bossi in un abbraccio politicamente mortale. Il consiglio federale del partito ne decreta l'espulsione. Ferrari fonda con scarso successo il Fronte indipendentista padano, un'enclave scissionista che dura poco. Poi, Maroni segretario, dopo sette anni di purga rientra in Lega. Epurato.

Ostracizzato. Riammesso. È la parabola di Ferrari, che nella sua carriera giornalistico-politica – un percorso evidentemente di moda nel partito, vedi Salvini e Savoini – è stato anche inviato di guerra. In Lega è considerato un esperto di affari esteri e oggi si occupa soprattutto di Israele (ha fatto parte della delegazione leghista che l'11 dicembre 2018 ha accompagnato Salvini in visita a Tel Aviv e Gerusalemme).

Andiamo un attimo indietro nel tempo. Nel 2016 "Max" è a Le Barroux, in Provenza, alla convention del Front national. Con lui ci sono i coordinatori dei Giovani padani. A cosa serve l'incontro? A "confermare la sinergia con uno dei principali movimenti politici identitari europei," spiega Ferrari. I neofascisti francesi. La linea è tracciata. Ferrari si candiderà per la Lega alle elezioni comunali del 2016 a Varese: sul santino è ritratto con Marion Le Pen. "In Francia voteresti Le Pen? A Varese scrivi Max Ferrari." Un anno dopo, settembre 2017, l'ex scissionista padano è nella delegazione dei giovani leghisti che va a Friburgo per seguire lo svolgimento delle elezioni insieme ai militanti dell'Afd, Alternative für Deutschland, il partito di estrema destra tedesco. "Altro che neonazi. Sono un partito moderato. Quello che chiedono, semplicemente, è una maggiore sicurezza."

Di quale Afd parla Ferrari? Tra i deputati di Afd che a fine settembre 2017 entrano al Bundestag (13 per cento alle elezioni, novantaquattro seggi) ci sono negazionisti dell'Olocausto e sostenitori di tesi xenofobe, complottisti, nostalgici del nazionalsocialismo di Hitler, ex spie della Stasi (la polizia segreta nella Repubblica democratica tedesca). Curricula che porteranno i servizi di sicurezza tedeschi a mettere sotto osservazione le frange più estremiste del partito.

Ma per i giovani ex padani non è un problema: nessun imbarazzo, anzi. I ragazzi spediti in rappresentanza da Salvini a Friburgo festeggiano il successo elettorale dei nazionalisti tedeschi. Con Ferrari ci sono Davide Quadri, coordinatore provinciale dei Giovani padani di Varese, e Federico Martegani, consigliere comunale di Tradate e dirigente Mgp.

Passano due anni. Gennaio 2019. Durante la commemorazione dell'Olocausto nell'assemblea della Baviera i deputati di Afd lasciano l'aula in segno di protesta. È la risposta alle critiche rivolte da Charlotte Knobloch, una leader della comunità ebraica sopravvissuta ai campi di sterminio, che li accusava di minimizzare i crimini nazisti e le vittime della Shoah.

Niente. Per Ferrari e la meglio gioventù leghista non c'è problema: il loro giudizio non cambia. Lega e Afd sono saldamente alleate. I loro ragazzi pure.

Secondo Ferrari la "cosa interessante" del partito ultranazionalista tedesco è proprio la quota young: "Ci sono tantissimi giovani. Sono non soltanto di diversa estrazione sociale, ma ci sono anche parecchi figli di immigrati, di seconda generazione, e anche ragazzi di origine ebrea. A dimostrazione che l'Afd non discrimina, non ha nessuna matrice razzista, al contrario di quello che vogliono far credere gli avversari politici". Continua l'ex secessionista: "Proprio i ragazzi di origine ebrea che militano nell'Afd mi hanno spiegato come un certo antisemitismo sia diffuso sì in Germania, dentro le scuole anche. Ma a portarlo avanti sono i gruppi di sinistra, in ottica anti-israeliana. Esattamente il contrario di quello che raccontano i media mainstream". Funziona così. È la tipica modalità del leghista 2.0: offrire una rappresentazione da sovrapporre al dato reale, e su quella costruire una narrazione che superi le vecchie categorie novecentesche e mandi in archivio "il fascismo e il comunismo che non torneranno", come ripete sempre Salvini quando gli sbattono sotto il naso i suoi rapporti con l'estrema destra nostalgica.

Chiedo a Max Ferrari di spiegarmi che cosa è diventato il movimento giovanile un tempo padano. E quante analogie ci siano con i gruppi di estrema destra. Il suo punto di vista mi sorprende. "Io che ho fondato l'Mgp nel 1990 a Varese dico che i giovani della Lega sono rimasti abbastanza ancorati alla vecchia Lega. A me pare che la Lega giovani ragioni con la propria testa, non per schemi o ideologia. Dopodiché se la casa brucia – per usare le parole di Greta Thunberg – non puoi star lì a guardare la tappezzeria." Qual è la casa che brucia? "L'Italia invasa dall'immigrazione selvaggia," replica. "Di fronte a questo scenario anche i giovani del partito hanno sposato la causa portata avanti con coraggio da Salvini. La battaglia è comune. Il passaggio da movimento territoriale a nazionale," continua Ferrari, "non ha creato imbarazzo tra i nostri giovani. Ma non metterei sullo stesso piano i giovani leghisti e i gruppi neofascisti..." Gli chiedo che cos'è, se non un partito neofascista, il Front national di Marine Le Pen poi diventato Rassemblement national. Risposta: "Sono molto amico dei giovani di Rassemblement del Sud della Francia. Anche loro, come noi, sono molto localisti, territoriali. Parlano di Europa delle patrie carnali". Insomma: l'ex separatista Ferrari sostiene che la meglio gioventù leghista, i cui leader condividono temi e momenti di aggregazione con i gruppi dell'ultradestra, avrebbe conservato l'anima di un tempo: la stagione del prenazionalismo salviniano.

La versione di Ferrari stride con la realtà. Con i terreni di contiguità che vedono "verdi" e "neri" collaborare fattivamente remando nella stessa direzione. Un'altra voce interessante da raccogliere è quella di Davide Quadri, responsabile Esteri di Lega giovani. Quadri mi spiega che lo scivolamento da Mgp a Lega giovani è stato una "naturale evoluzione per adattarsi ai tempi e coinvolgere e vincere anche in territori dove la Lega non era mai arrivata e ora vince (il Sud)". Il punto, però, non è solo (e non tanto) il Sud. Il punto è lo spostamento della Lega a destra come non lo era mai stata nella sua storia quasi trentennale. "La

Lega," dice Quadri, "è in totale continuità con un messaggio che vede la dimensione locale e la storia riprendersi centralità rispetto alla globalizzazione e al mondialismo. Dal lontano 1987 a oggi la Lega è questo e lo dico da varesino, con quasi dieci anni di tessera." Globalizzazione. Mondialismo. Sono due termini centrali anche nel lessico dei gruppi dell'ultradestra. Che di norma vengono abbinati al potere giudaico (nel caso del mondialismo) e ai grandi flussi immigratori (nel caso della globalizzazione). Chiedo al responsabile Esteri dei giovani leghisti quali siano i rapporti con le realtà giovanili neofasciste. La risposta un po' sfuma e un po' trancia: "Su questo siete più voi a ricamarci che non la realtà dei fatti. Il buonsenso di Matteo Salvini non è estremismo. Cosa che non si può dire della sinistra". L'ex padano Quadri non è un fascista. Però nelle sue parole ritrovo ancora tracce della stessa ambiguità che spinge tanti postfascisti a prendere le distanze dal fascismo e Salvini a bollare come antistorico e superato – cercando di scrollarselo di dosso – qualsiasi ragionamento sul fascismo. Provo a non farmi condizionare dal fatto che Quadri abbia partecipato a incontri italiani del filosofo putiniano e postnazista Aleksandr Dugin.

Anche fuori dai confini nazionali, gli chiedo, nessuna connessione con la galassia nera? Quali sono i gruppi giovanili con cui siete "gemellati"?

"Molti. Siamo centrali in un'Europa con facce e idee diverse. Abbiamo ottimi rapporti con i nostri alleati a livello europeo. Ad esempio, amici storici come i fiamminghi del Vlaams belang o anche con formazioni giovanili più nell'alveo classico del centrodestra come gli amici di Fidesz (il partito ungherese di Viktor Orbán). Poi come non pensare ai tantissimi giovani statunitensi che si ritrovano nel messaggio del Gop (il Partito repubblicano americano, noto negli Usa come Grand Old Party) con il quale condividiamo alcune idee."

Vediamoli, allora, gli alleati dei giovani leghisti citati da Quadri.

Vlaams belang, in Belgio, è un partito di estrema destra, considerato speculare al Fronte nazionale belga. Fondato nel 2004, è l'evoluzione del Vlaams blok (Blocco fiammingo), autoscioltosi a seguito di una condanna, da parte della Corte di cassazione del Belgio, per violazione della legge belga del 1981 su razzismo e xenofobia. Nel 2001 l'ideologo e vicepresidente del Vlaams blok, Roeland Raes, in un'intervista alla tv olandese ha messo in dubbio il numero degli ebrei uccisi dai nazisti durante l'Olocausto, l'uso delle camere a gas e l'autenticità del diario di Anne Frank. Per Raes i campi di concentramento erano solo campi di lavoro. Il repertorio del perfetto negazionista. Costretto a dimettersi dopo le dichiarazioni shock, Raes è rimasto comunque attivo all'interno del partito, anche dopo il passaggio da Vlaams blok a Vlaams belang. Nel 2010 la Corte d'appello di Bruxelles ha confermato la condanna (2008) per negazionismo. I vertici del Vlaams belang avevano promesso che, una volta arrivata la sentenza d'appello, avrebbero espulso Raes. Non lo hanno fatto.

Il marinaio identitario

Insisto nello scavo dentro Lega giovani. La parvenza mostrata a parole dai suoi leaderini fa acqua. La realtà, come abbiamo visto, è molto più complessa. Ben diversa da come viene (solo in parte) raccontata. Per scoprirla e portarla in superficie non c'è bisogno di perforare strati di terra. Basta grattare, scostare un po' di ghiaia. A Pontida 2019, tra i ragazzi "padani", c'è un giovane fascioleghista il cui nome è interessante per il nostro racconto: Lorenzo Fiato. Ha venticinque anni. È uno studente di Cinisello Balsamo, hinterland milanese. Fiato è un nome che ritorna. Di cui tre anni fa si è parlato per giorni sui giornali e in televisione, ma di cui nessuno si è più occupato. Estate 2017: la nave *C-Star*, affittata dall'organizzazione di estrema destra Defend Europe, solca senza grande fortuna il Mar Mediterraneo per cercare di ostacolare le operazioni di salvataggio dei migranti da parte dei mezzi delle autorità marittime e delle navi delle Ong. È un piano borderline, piratesco. Criminale. Fiato è a bordo della *C-Star*. È lì perché è presidente di Generazione identitaria, la filiale italiana del network europeo ultranazionalista e antimigranti che ha sedi anche in Francia (Génération identitaire), Austria e Germania. E che ha dato vita a Defend Europe. Il capo team della *C-Star* – che naviga grazie alle donazioni raccolte tra mille difficoltà (PayPal li blocca) – è l'austriaco Martin Sellner, trent'anni: un tipo che su Twitter – secondo l'"HuffintonPost Uk" – scrive post contro il magnate ebreo George Soros. Poi ci sono la canadese Lauren Southern e la statunitense Brittany Pettibone – sostenitrici dei trumpiani di estrema destra – e un blogger che si fa chiamare Peter Sweden. Secondo il sito di controinformazione inglese Hope not Hate, dietro lo pseudonimo di Sweden ci sarebbe il giovane britannico Peter Imanuelsen, dello Yorkshire, che pubblica post antisemiti e inneggianti a Hitler. Tutti "marinai", insomma, di provata fede sovranista.

E Fiato? Che ci fa lì il marinaio identitario italiano? Ma, soprattutto, chi è? L'avventura in mare – più che altro una disavventura, visto che la *C-Star* dopo essere stata bloccata da autorità navali, barche delle Ong, organizzazioni antifasciste e persino dai pescatori tunisini, è costretta a interrompere navigazione e operazioni varie – gli vale un po' di notorietà: interviste, comparsate tv. Il nome del giovane leader di Generazione identitaria gira per un po'. Di lui si interessano anche la Bbc e il "New York Times". "L'integrazione non esiste," dice Fiato, ospite in un programma televisivo. Infatti per impedire l'arrivo dei migranti gli ultrà suprematisti di Defend Europe, tra il 2017 e il 2018, si danno un gran daffare: dal Mar Mediterraneo alle Alpi francesi, promuovono azioni di ostruzionismo, blocchi spontanei. Addirittura entrano in contatto con le forze dell'ordine cercando di sostituirsi a loro per fare muro contro gli arrivi dei profughi. Rimediano figure non proprio esaltanti. Ma il network, in Europa, sopravvive.

Fiato fonda Generazione identitaria nel 2012: il simbolo (su sfondo giallo) è la lambda nera, quella portata sugli scudi dai soldati spartani durante la battaglia delle Termopili. Generazione, che ufficialmente si definisce un "movimento apartitico", conta circa duecento iscritti e sezioni a Milano, Torino, Roma, Bergamo, Modena, Brescia. Come l'attuale presidente Umberto Actis, trentadue anni, anche Fiato si definisce "militante identitario contro il rullo compressore mondialista" (perché "tempi critici richiedono misure critiche"). Settembre 2017. In una conferenza stampa all'Hotel delle Nazioni, a pochi passi da Montecitorio, i vertici di Generazione mostrano i video della *C-Star* in azione nel Mediterraneo. È l'occasione per presentare anche le prossime iniziative del movimento: anzitutto l'apertura di una sede a Roma. Intanto, spiega Francesco Piane, responsabile della sezione romana di Generazione, "i nostri militanti si addestrano in una palestra. Perché per combattere la feccia", come racconta un pezzo dell'"Espresso", "puntiamo sulla preparazione fisica. Perché prima o poi ci sarà lo scontro". La feccia secondo Piane sono ovviamente gli immigrati: "I branchi di profughi, quella che qualcuno chiama feccia, e di fatto alcuni di loro sono questo".

Sui social vengono pubblicate foto di militanti che si allenano in palestra sotto lo stemma identitario della lambda spartana. Come vedete, anche qui ritorna il tema che abbiamo già indagato: i giovani soldati politici praticano le arti marziali non solo per vincere medaglie, ma per la resistenza etnica, per difendere la nazione.

I metodi sono perfettamente in linea con l'essenza di un movimento che nasce in Francia con l'occupazione del cantiere di una moschea. È il 2012, e Génération identitaire vede la luce a Poitiers. Poi aprono sedi in Germania, Austria e Regno Unito. E, grazie all'impegno del giovane fascioleghista Fiato, in Italia.

Il manifesto di Generazione identitaria si chiama "dichiarazione di guerra". Il nemico è ovviamente l'immigrato, contro il quale la ricetta è più radicale di quelle di CasaPound e Forza nuova. Prevede l'"abolizione di qualsiasi tipo di ricongiungimento familiare" e la creazione di "un alto commissariato per la remigrazione": espellere immediatamente tutti i migranti che sono in Italia.

Quelli di Génération identitaire – costola giovanile del partito di estrema destra francese Bloc identitaire (ora Les identitaires), più a destra di Rassemblement national di Marine e Marion Le Pen – sostengono la tesi della "grande sostituzione", il delirante complotto per sostituire la popolazione europea teorizzato dallo scrittore francese Renaud Camus e sposato anche da Matteo Salvini. Passi che Camus nel 2014 sia stato condannato per "istigazione alla violenza e all'odio". Passi che una ventina di militanti di Génération siano stati segnalati, già prima del 2012, dai servizi di sicurezza francesi con la "fiche S", il marchio di pericolosità nazionale con cui si identificano estremisti, terroristi e soggetti radicalizzati. Ciò che è grave è che Génération arrivi in Italia e che a fondare l'omologa formazione sia un militante della Lega, Fiato. Considerato il fatto che tra Bloc identitaire e Lega c'erano rapporti di vicinanza (curati dal solito Mario Borghezio), c'è da stupirsi? Forse no.

Ma avere contezza che dietro l'operazione navale neofascista *C-Star* – un'iniziativa che fece clamore a livello internazionale – ci fosse, per il nostro paese, un giovane militante leghista, è molto significativo. Il rullo del mondialismo. I muri. Gli stop agli arrivi. La remigrazione. Quando la *C-Star* spegne i motori, e dopo che diverse procure europee aprono fascicoli sul network nazionalista nemico delle Ong, i marinai e gli alpini di Defend Europe si disperdono un po'. Anche Fiato si inabissa. Che fine fa il "giovane identitario" della lambda nera? Semplice: torna all'ovile. E l'ovile di Fiato – di cui non si era mai parlato – ha un nome: la Lega di Matteo Salvini. Da lì era partito il marinaio identitario, lì ha fatto ritorno. Ricostruisco la sua parabola. Con tanto di salto di qualità.

Negli archivi dell'Osservatorio sulle nuove destre trovo un documento che riguarda la Lega Nord (nel simbolo c'era ancora la parola "Nord", che stava per sparire). È del 2017. Si parla dell'ala "comunitarista" interna al partito. Non una corrente (nella Lega non esistono, e intanto era già nata Noi con Salvini), ma una componente viva e importante. Che è rappresentata – è scritto – da associazioni e nomi. Una delle reti più attive è Mille patrie, animata dal sociologo Fabrizio Fratus. In Mille patrie trova spazio la destra-destra della Lega: ci sono sigle nate dalla diaspora di Alleanza nazionale e politici molto radicati sul territorio, da Perugia a Messina. Si legge nel documento: "Riccardo Merolla, già responsabile di Laboratorio culturale Triskelion Perugia, il leader di Riva destra Fabio Sabbatini Schiuma, Costanza Messina, giovane donna di Siracusa che sta unendo le diverse anime della destra identitaria siciliana, e infine il combattivo leader di Generazione identitaria, Lorenzo Fiato". Eccolo. Il gruppo dirigente organizza un campo di formazione di due giorni in Umbria. I temi trattati sono "legati all'ideologia comunitarista e alle azioni concrete per metterla in pratica".

A parte i quattro referenti nazionali di Mille patrie, i partecipanti "sono tutti giovani al di sotto dei trent'anni". Già. Perché Mille patrie, si legge in un comunicato, "punta sui giovani, sulla preparazione culturale e sul rapporto col territorio. Un nuovo modo di fare politica, concreto e innovativo". Tra i relatori del meeting umbro, assieme a Lorenzo Fiato, c'è anche un altro leghista, Vincenzo Sofo, del think tank identitario *Il talebano* che a Perugia ha aperto un circolo universitario. Sofo è appena rientrato da un viaggetto di lavoro a Dresda, in Germania: ha rappresentato la Lega al meeting di Pegida, movimento violento di estrema destra che si batte contro l'immigrazione e per la difesa dell'identità nazionale tedesca.

Ancora giovani leghisti che sposano la causa dell'ultradestra. Che tessono rapporti con formazioni neofasciste e neonaziste fino a farne organicamente parte. Anche con ruoli dirigenziali. E parliamo di gruppi che passano all'"azione pratica", per citare il lessico di Defend Europe. Curiosità: tra le donazioni arrivate nelle casse di Identitäre Bewegung – la Generazione identitaria austriaca – si scoprirà che c'è anche quella di Brenton Tarrant, l'attentatore suprematista di Christchurch in Nuova Zelanda.

La circostanza testimonia dei fili che, in questo ambiente transnazionale, s'allungano da un continente all'altro. Sono fili che incrociano casi di cronaca – alcuni drammatici – e si dipanano nell'agenda della politica. Nel nostro caso italiana.

Scopro dunque che Fiato rispunta a Pontida 2019. È lì con la Lega giovani Martesana, di cui fa parte. Due settimane dopo – il 6 ottobre 2019 – è a Covo, nella bergamasca, per l'assemblea regionale di Lega giovani Lombardia. Ci sono anche Andrea Crippa, Luca Toccalini e Davide Quadri, i capetti leghisti di cui abbiamo parlato. Fiato li conosce da anni. Come scrive sui social, è un militante dal 2012. Poi lo studente milanese decide di tentare l'avventura in proprio e apre Generazione identitaria. Ma come spesso accade quando le rotte non vanno proprio in modo idilliaco, si torna al porto sicuro: "Non sono più nel movimento identitario," mi dice Fiato. "Non ho nemmeno," aggiunge, "alcun titolo per parlare a nome di Lega giovani." Sceso dalla *C-Star*, Fiato ritrova gli amici della Lega. Con qualche chilo in più rispetto all'estate tribolata della nave acchiappa Ong (la cui navigazione finisce quasi in farsa, tra equipaggio impreparato e i serbatoi a secco), l'ex presidente di Generazione identitaria il 19 ottobre 2019 è all'appuntamento clou della Lega nazionalista: piazza San Giovanni a Roma. Il popolo dell'"Orgoglio italiano" è il suo popolo. "Ci siamo anche noi," scrive in un post sui social. La foto di gruppo è coi ragazzi di Lega giovani Martesana. Da Cinisello Balsamo a Cipro, e coste libiche, e ritorno. Via Roma, ovviamente.

Orgoglio italiano

Matteo Salvini è in modalità comizio nazionalista: jeans e camicia bianca aperta sul petto da dove spunta la collana di cuoio col crocifisso, barba incolta più lunga del solito. La Meloni anche lei casual, maglia grigio chiaro. Berlusconi è l'unico che indossa l'abito, scuro come la camicia. 19 ottobre, Roma, piazza San Giovanni. Alla manifestazione "Orgoglio italiano" organizzata dalla Lega (a cui aderiscono FdI e Fi) contro il governo Conte-bis ci sono – annunciati – anche i neofascisti di CasaPound. È il movimento (non più partito) di estrema destra con cui Matteo Salvini si è alleato nel 2014-2015, e con il quale – fuori di ufficialità – non ha mai interrotto i rapporti. La piazza imbrunita è della Lega, ma ci sono anche FdI, con Giorgia Meloni, e Fi, con Silvio Berlusconi. In quella piazza – storicamente simbolo della sinistra, di Berlinguer, della Cgil, del Primo maggio – sfilano anche i fascisti del terzo millennio: militanti giovani, anche giovanissimi, come da tradizione della tartaruga frecciata (il simbolo di Cpi). È proprio la presenza dei camerati, qualche centinaia, ad accendere le polemiche della vigilia. "Chi farà il saluto romano è una scimmia mitomane al servizio dei media," ammonisce poche ore prima dell'adunata sovranista il leader di CasaPound Simone Di Stefano. A un centinaio di metri dal palco dove Salvini scalda il suo popolo ci sono i ragazzi di Lega giovani, e leggermente spostati verso il lato sinistro della piazza, le truppe casapoundiste. Sono arrivati in corteo dalla sede abusiva di via Napoleone III, che è a pochi minuti dalla piazza. In prima fila i leader, i fratelli Di Stefano, Gianluca Iannone, Mauro e Andrea Antonini, Marco Clemente. Dietro, i militanti. Tutti uomini.

Nessuna bandiera del movimento, solo tricolori. I camerati hanno magliette e giubbini Pivert, il più volte citato brand legato a CasaPound. C'è chi sfoggia T-shirt nere con le scritte SQUADRISTI E COMBATTENTI CON LA FEDE NELL'ITALIA, ANIMA D'ACCIAIO D'ITALIA, BELLI COME LA VITA, NERI COME LA MORTE. Il corteo neofascista è accolto dalla piazza tra applausi e selfie. Le polemiche della vigilia, di cui diremo tra poco, sembrano lontane. Dice Di Stefano: "Questo popolo [del centrodestra] ci stima, è il momento dell'unità. Siamo qui per portare le nostre idee ed essere uniti nel fronte sovranista". Le stesse parole di La Russa ospite di CasaPound.

È il fronte dell'"Orgoglio italiano", del "Dio, patria e famiglia" evocato da Giorgia Meloni, dei "patrioti", dell'"Italia agli italiani", come scandisce Salvini, forse dimentico, o forse no, che il mussoliniano "Italia agli italiani" è il nome della coalizione di partiti di estrema destra nella quale alle ultime elezioni sono confluiti Forza nuova e Movimento sociale fiamma tricolore.

Sopra le teste dei duecentomila che esultano quando Salvini promette "Noi e voi cambieremo la storia di questo paese" sventola un tappeto di bandiere tricolore, anche con il simbolo della Rsi, e altre bandiere bianche e blu con la scritta ORGOGLIO ITALIANO e PRIMA GLI ITALIANI (lo slogan che fu di CasaPound). Clara, che viene da Ravenna ed è leghista "da almeno vent'anni", esibisce con orgoglio un drappo della Lega con tremila Swarovski attaccati intorno al simbolo del partito (l'Alberto da Giussano). Suo marito è in camicia nera e porta al collo una croce celtica.

Se ne vedono di croci celtiche al collo. Molti sono militanti di Fratelli d'Italia. Ma pure all'ultima Pontida se ne erano viste. "La piazza, come ha detto il nostro segretario, è aperta a tutti," afferma Luca Toccalini, trent'anni, deputato e responsabile di Lega giovani. Già. Aperta a tutti. La formula usata da Salvini è: "A tutti gli italiani di buona volontà". E dunque: tra gli italiani di buona volontà ci sono anche i militanti di CasaPound, una formazione sotto inchiesta per tentata ricostituzione del Partito fascista, i cui membri e simpatizzanti hanno collezionato in questi anni centinaia di denunce e decine di arresti per reati che vanno dall'apologia del fascismo alla banda armata, alla strage e tentata strage. Dov'è la sorpresa? Chi si stupisce della piazza nero-verde forse è distratto. Forse fa finta di non vedere, o si è perso, cinque anni di fascioleghismo filorusso: cinque anni di slogan in comune ("Prima gli italiani"), cene, libri, giubbini identitari, stadi, ronde, sedi occupate e mai uno sfratto. Lega e CasaPound, ancora loro.

La versione dei giovani leghisti un tempo padani sul filo (che a sentire loro non ci sarebbe, ma sono smentiti dai fatti) che li lega ai gruppi di estrema destra è solo un pezzo del gioco di specchi che caratterizza la stagione della Lega nera. Una stagione che, contestualmente all'asse sovranista europeo (tra gli altri: con Afd, con Rassemblement national, con Vlaams belang, con il partito di Orbán) vede risbocciare in Italia amori mai finiti: e quello con CasaPound è il primo (assieme alla sinergia con gli hammerskin di Lealtà Azione).

In che senso piazza San Giovanni nero-verde "parla"? Perché non è un inedito. È un remake. E dunque una conferma – l'ennesima – del feeling ormai osmotico tra la Lega e i gruppi neofascisti. Basta riavvolgere per un attimo il nastro. Nel 2014-2015 Salvini scendeva in piazza contro gli immigrati insieme con l'ultradestra dei saluti romani. Nel 2015 il centrodestra unito – Lega, Fi e FdI – eleggeva Zaia in Veneto e Toti in Liguria.

Sulla manifestazione di piazza San Giovanni la destra cosiddetta liberale si spacca: mentre Silvio Berlusconi, dopo aver detto che non ci sarebbe stato, cambia idea e si presenta sul palco, Mara Carfagna – l'anima scissionista e antisovranista di Forza Italia – sottolinea la "nostra incompatibilità con l'estrema destra". La politica è opportunità e tempismo, si sa. Solo così si può spiegare la torsione di Silvio Berlusconi – il primo sdoganatore ufficiale dei postfascisti.

Ma è chiaro che la "giostra" di San Giovanni, più che ai camerati, gira intorno a Salvini. Perché finché si stava all'adesione di CasaPound alla manifestazione – ampiamente prevedibile visto l'asse col Capitano, rinsaldato dopo le elezioni europee – eravamo nell'ambito del quasi scontato. Ad alzare l'asticella è stata la replica alle polemiche del capo leghista. Parlando di "piazza aperta a tutti gli italiani di buona volontà" l'ex ministro e leader del centrodestra sdogana ancora una volta i fascisti del terzo millennio, i suoi amici pregiudicati, ex alleati, e con loro, dunque, la galassia delle camicie nere salite sul nuovo Carroccio nazionalista. I fascisti che da nord a sud negli ultimi anni si sono riciclati nelle liste di Noi con Salvini (qualcuno è stato eletto), i gruppi nostalgici che in nome del "Prima gli italiani" si sono avvicinati alla Lega preferendola a Fratelli d'Italia, il cui peso specifico pure è cresciuto.

Nel venerdì che precede la kermesse leghista di piazza San Giovanni la "resistente" forzista Mara Carfagna aveva chiesto a Salvini di prendere le distanze da CasaPound e dall'estrema destra. Un atto coraggioso, certo. Ma che non può che cadere inascoltato. Chiedere a Salvini di mollare i fascisti è uno sforzo inutile. Non lo può fare. Per tre motivi. Primo: li ha risvegliati lui a suon di "Me ne frego", "Io non mollo" e una lunga serie di assist. Sarebbe innaturale li spegnesse adesso che è all'opposizione. Secondo: gli fanno molto comodo. Sono la cerniera con un elettorato che è assai più largo delle briciole di CasaPound e Forza nuova (aspirate dalla Lega) e che abbraccia dei mondi che il Capitano in questi anni ha blandito esponendosi a critiche e figuracce. Non soltanto le curve degli stadi – decine di migliaia di voti – ma pure la pancia grigio-nera del paese. Quell'Italia carsica che non smette di subire il fascino di un nemmeno troppo velato cesarismo ("Datemi pieni poteri"). Terzo motivo: con CasaPound in particolare, come ho già raccontato, c'è un patto sottotraccia che non si è mai sciolto e che ha ancora incisa una rappresentazione plastica nelle tavolate dove Salvini era l'ospite d'onore dei fascisti, osannato insieme al fidato braccio destro Raffaele Volpi, oggi presidente del Copasir. È il fascioleghismo, bellezza. L'esperimento politico uscito dalle felpe del Capitano, che a forza di usare i codici, gli slogan, le parole d'ordine dell'estrema destra ha portato a termine – ma al contrario, cioè lui verso l'esterno – quel processo di entrismo iniziato molti anni prima – in nuce – dai postnazisti che hanno infiltrato la Lega.

Avere affidato a un folto gruppo di uomini di collegamento – molti sono giovani – il compito di tenere vivi i contatti con l'estrema destra è parte dell'ipoteca di Salvini sul neofascismo italiano sempre più in sintonia con il Carroccio tricolore.

"Siamo contro il mondialismo e la globalizzazione," ripetono come un mantra i giovani camerati in piazza San Giovanni. La stessa cosa dicono i giovani leghisti mentre il Capitano parla di "patria", Giorgia Meloni invoca i "muri" e Luca Zaia chiede di ridare il "manganello" ai poliziotti. In un contesto di affinità elettive, o comunque di pragmatismo politico come questo, che quelli là in mezzo alla folla, i camerati di CasaPound, siano sotto inchiesta per tentata ricostituzione del Partito fascista, chi vuoi che imbarazzi? La tartaruga nera ha scelto di non essere più un partito ed è tornata movimento. Una svolta motivata ufficialmente come effetto del flop elettorale (pro-Lega) alle elezioni europee 2019. Ma dietro la quale potrebbe nascondersi una strategia politica: l'esigenza di Cpi di sembrare meno impresentabile qualora qualcuno decidesse di farla rientrare dalla finestra, magari come costola movimentista, in appoggio esterno a un'opposizione di destra-destra. "È il momento dell'unità," dice Di Stefano ai cronisti. "Siamo qui per portare idee, e questa piazza ci stima, lo sappiamo." In effetti il popolo leghista accoglie i fascisti con benevolenza e anche simpatia: ci sono signore che chiedono di fare fotografie coi capi dei camerati, altri li applaudono al loro passaggio in mezzo alla piazza. "Solo italiani di buona volontà," disse il Capitano. Ma certo. Magari giovani e forti. Magari pronti allo "scontro fisico" contro la "feccia straniera", come i ragazzi di Generazione identitaria di Lorenzo Fiato, che applaude davanti al palco. Magari, anzi senza dubbio, orgogliosi di essere italiani.

3.
Le regole del branco*

La falsa famiglia

La prima cosa che mi dice è che da piccolo era cicciottello. "Alle elementari mi sfottevano, io dentro mi incazzavo, ma non reagivo. Ero un po' sfigato, stavo sulle mie. Ma non ero uno che si metteva a fare a botte. Però da lì ho iniziato a odiare i deboli e la debolezza. Forse odiavo me stesso per come ero e così ho incominciato a prendermela con gli altri, quelli che mi sembravano come me. Il mondo è dei forti, a me uno molle mi sta sulle palle. Ste cose qua le capisci col tempo, non è che ci arrivi alle elementari. Quando vedi come gira il mondo ti accorgi che o mangi o ti mangiano."

Stefano F. è stato un "soldato fascista". Ha picchiato, discriminato, ha vissuto di odio e razzismo. Per anni. Le ha prese e le ha date. "Tante," dice. In quel periodo ha scoperto l'odore del sangue e conosciuto l'azione della giustizia. Del primo racconta: "Quel sa-

---

* Per motivi di sicurezza i nomi e in parte anche i fatti trattati in questo capitolo sono stati modificati. A partire dall'identità del protagonista.

pore ferroso quando te lo senti in bocca perché ti hanno pestato e il sangue ti scende dal naso, non è poi così male. Fortifica, davvero. Quando ero io che le davo agli altri sapevo che il tipo tornava a casa e doveva fare quello che in quegli anni abbiamo imparato a fare tutti, militanti e ultrà: ti curi le ferite da solo. Devi essere regolare anche in quello. Io facevo così. Prima di tornare mi sparavo un paio di cicchetti: whisky o grappa. Subito, ché il dolore si attenua. Entrava al bar qualcuno che era messo bene, senza segni, e te li portava fuori. C'è un bar vicino casa. Quando ci vedevano arrivare di corsa capivano che avevamo fatto la serata. Il barista era un mio amico, mi preparava il ghiaccio. Poi andavo in bagno, prendevo l'anestetico, me lo buttavo sopra. Per un periodo avevo la boccetta sempre con me in macchina, insieme alla lama e alla mazza da baseball. Prima tamponavo l'emorragia, poi mettevo il ghiaccio sui lividi. A parte il fatto che stavi sveglio fino all'alba, sia per il dolore sia per l'adrenalina che ti restava addosso, le prime volte gli scontri erano una figata: sentivo una roba salire dal petto alla testa. È una sensazione difficile da spiegare. A volte mi manca. Ma so che oggi non la proverei più. Non così". Dell'azione della giustizia dice che è arrivata alla fine del viaggio. "Se mi beccavano prima forse sarebbe stato peggio, mi sarei rovinato. Quando vai dentro ti rovini. Ma è tutto il sistema che non funziona. Io se vedo un immigrato che piscia per strada mi dà fastidio. Anche se lo vedo che non fa un cazzo tutto il giorno e ha su delle scarpe che io non mi sono mai potuto permettere mi prende male. Oggi giro la faccia dall'altra parte. Un tempo no."

Incontro Stefano fuori dalla sua regione. Lontano dalla città dove vive e dove tutto è iniziato e tutto è finito. Forse. Il luogo è la seconda precauzione che mi chiede. L'altra è l'anonimato. "Non perché mi vergogno o perché ho rimpianti: non ne ho. È solo perché non voglio più casini, l'ho giurato sulla tomba di mio padre. Uscire dall'estrema destra è più difficile che entrarci. Iniziano dicendo in giro che sei un traditore, che li sputtani, che un vero italiano non tradisce. Tutte stronzate. Però devi stare attento. A qualcuno sono andati a prenderlo e gli hanno dato una manica di botte. Sai cos'è l'assurdo? Ti fanno pagare il fatto che lasci, ti danno del senzacoglioni e dello smidollato. Fa niente se per anni ti hanno visto in prima linea a fare tutto. Magari eri tu che tiravi su i ragazzini e gli insegnavi a fare le cose in un certo modo. Il gruppo ha le sue regole."

Il mondo dell'estrema destra visto con la testa di un ex naziskin è un precipizio senza funi. A Stefano gliel'ha buttata un incontro inaspettato: si è innamorato di una donna. La banalità del bene in fondo alla normalità del male. Una ragazza che era fuori dal giro, una non interessata alla politica ma con un'etica: famiglia semplice, come quella di Stefano. Stesso paese. "Mi ha detto: o me o il gruppo. Me l'ha detto tante volte. Io ogni volta prendevo tempo. Si incazzava, litigavamo. Così fino alla volta dopo. L'ho tirata in lungo un anno e mezzo, l'ho fatta stare da cani, lei e i miei, mio padre, mio fratello. Poi ho scelto." Di questo parleremo dopo. Chiedo a Stefano di raccontarmi come è entrato nel gruppo. Un gruppo ancora molto attivo, soprattutto nel Nord Italia e che si sta ramificando aprendo succursali anche in altre regioni. Un gruppo di cui si sono occupate più volte le cronache, le forze dell'ordine e la magistratura.

"Vado a un concerto con un amico. È un festival conosciuto che va in scena da anni. Circuito nazirock. Quelle band là che ti martellano la testa, ti parlano del fascismo, della razza bianca, di Hitler e Mussolini, della ribellione contro il sistema, della violenza necessaria contro i negri, gli ebrei, gli immigrati che inquinano le nostre città. Potrei citarti i nomi di tutte le band che ho ascoltato e che conosco, italiane e straniere. Ma che senso ha? Le conoscono tutti, sono gli stessi nomi che girano a tutti gli eventi, da nord a sud. Sta musica ti entra sotto la pelle. Ti carica a molla e ti scatena la rabbia che hai dentro. Su di me ha funzionato. Avevo sedici anni. A quell'età hai un'energia che fa paura, hai bisogno di tirare fuori tutto quello che hai dentro. Vale anche per quelli dei centri sociali, eh, uguale. Più la musica picchia e più ti contagia e ti fa sentire forte. Forte dentro la tua comunità. La mia era una comunità fascista. Anche se continua a essere più sul rock e sull'hardcore, l'estrema destra contamina ogni genere musicale. Nel Nord e nell'Est Europa, dall'Inghilterra alla Germania, alla Polonia e all'Ungheria questa tendenza è in crescita. In Italia anche. Prendono un filone e lo rimodellano: trovi pezzi di rap, techno e pop rimaneggiati che parlano della Rsi, di Priebke, di Goebbels, delle SS e dei fasci di combattimento, di Eva Braun, delle camere a gas. Ti inculcano le tre cose importanti, quelle che contano nel gruppo: cameratismo, appartenenza, fedeltà. Siamo camerati, siamo una famiglia dove sappiamo tutto uno dell'altro. Anche se alla fine capisci che è una cazzata."

Restiamo al concerto. "Ci siamo menati. Ma per gioco. È stata la prima volta ed è stata una cosa pazzesca. Eravamo sotto un tendone in un prato, duemila persone. C'erano quattro punti bar e molti stavano lì a bere birra. Io ho bevuto birra e con Luca, il mio amico, siamo andati là in mezzo. Musica da spaccarti i timpani e la gente che si ammassava, uno addosso all'altro. Avevo i capelli corti, non rasati. Lì erano quasi tutti rasati. Il giorno dopo mi sono rasato anch'io, ho fatto come Luca che li portava a due millimetri sempre. Il momento più bello è stato quando è partito il wall of death. Il wall of death è un classico dei concerti hardcore, metal e punk. Il pubblico si divide in due sezioni separate: due blocchi, uno da una parte e uno dall'altra. In mezzo si crea uno spazio vuoto, dieci metri o anche di più. Di solito a dare il via è uno dei cantanti della band, oppure il pubblico intona una specie di countdown. Conti fino a tre e poi si parte. Le due fazioni corrono una verso l'altra per scontrarsi: è un impatto violento, uno schianto, testate, corpi che finiscono uno addosso all'altro, gente ferita che sanguina e finisce a terra. All'inizio pensavo: questi sono delle teste di c... complete. Non hanno niente nel cervello, sono dei disperati. Sembravamo animali."

La moda del wall of death è stata lanciata dal gruppo hardcore punk Sick of It All. Al cantante Randy Blythe, front man della band metal dei Lamb of God, che incitava i fan al wall of death, soprattutto durante la canzone *Black Label*, per motivi di ordine pubblico e dopo molti feriti è stato proibito di aizzare gli spettatori a scontrarsi. In sostanza, il wall of death è la riproduzione – reale – della scena di una battaglia (celebre è la scena del film *Braveheart* dove eserciti inglesi e scozzesi corrono l'uno verso l'altro).

"Ti criminalizzano perché sbatti contro gli altri. E allora? Se il wall lo fa Salmo [il trapper, ha mutuato l'usanza ai suoi concerti] fa figo, se lo fanno i fascisti è una cosa schifosa. Questo è il pensiero politicamente corretto che detestavo e che ancora detesto. È il mainstream contro il quale ci si batteva." Il primo approccio di Stefano con il mondo dell'ultradestra è giocosamente cruento: labbra spaccate, gente tumefatta, botte e fratture. "Ma anziché farsi medicare i camerati si abbracciavano dandosi il braccio destro e incrociandolo. Un boccale di birra, e poi ancora a ballare. Il vero sapore del sangue l'ho provato per la prima volta a quel concerto, e mi ha dato la carica. Luca me l'aveva detto che quella roba serve, ti abitua al dolore. Solo i deboli hanno paura del dolore. Io ero ancora cicciottello, più che altro per la birra," ride, "ma non ero più il bambino sfigato che se la menava se lo prendevano in giro." La paura appartiene alle prede, vero Stefano? "Sì. I camerati non hanno paura del dolore né della morte. Ti insegnano questo. Io e Luca ci siamo tatuati questa frase: CHI TEME LA MORTE NON È DEGNO DI VIVERE. È di Benito Mussolini." Il tatuaggio con la citazione del duce fino a un anno fa percorreva il petto di Stefano, appena sotto il collo. Si "appoggiava" alla pelle a mo' di collana. Adesso la scritta è ricoperta da un tatuaggio maori che significa "rinascita". "Lo devo alla mia fidanzata, gliel'ho promesso: era un giuramento."

La musica è la porta attraverso la quale Stefano entra nel gruppo. È una delle modalità più diffuse. L'altra è il web, i social media che veicolano contenuti razzisti e carichi di odio: e lì inizia la condivisione. Musica e social sono un pezzo importante della vita di un adolescente. Relazioni, passioni, legami si giocano quasi tutti là dentro. La quotidianità oltre la scuola, oltre la famiglia. Per l'estrema destra sono mezzi di propaganda formidabili.

Stefano mi fa ascoltare un brano dal telefonino: *Come mai*, dei SottoFasciaSemplice. Si stupisce che non lo conosca. "La ascoltano tutti," mi fa. Tutti chi? Quelli che fanno il saluto romano e odiano il "sistema", come lo chiamate voi. SottoFasciaSemplice è il gruppo di Mario Vattani, detto "Katanga", il console fascio-rock, figlio dell'ex segretario generale della Farnesina, sospeso dall'incarico a Osaka nel 2012 dopo un'esibizione col suo gruppo a CasaPound dove inneggiava alla bandiera nera e ai repubblichini, e reintegrato al ministero degli Esteri nel 2014 come coordinatore per i rapporti tra l'Ue e i paesi dell'Asia pacifica. È un inno dei gruppi di estrema destra. Il brano – come spiegò Vattani – "nasce come una specie di dono per un ragazzo o una ragazza che a scuola o all'università si sente prendere in giro per la sua diversità rispetto alla massa e magari esita".

Stefano a scuola lo sfottevano. Ma non perché avesse già determinate inclinazioni politiche: per il suo grasso. Ironia del destino, succede che il gruppo nel quale entra a far parte elegge *Come mai* a brano ufficiale. "La scaricavamo tutti, la mettevamo come suoneria del telefonino."

Ecco il testo: "Ma che bel mondo di merda che vi siete costruiti, / ma quanti complimenti che vi siete meritati, / [...] tutti quanti comandanti di una nave che già affonda / ecco qua le vostre anime nell'inferno dei cialtroni / a cercare nuovi trucchi, nuove giustificazioni / vi chiederete come mai come mai come mai / vi chiederete come mai come mai come mai / vi chiederete come mai / è perché avete rinunciato / a difendere il futuro di ciò che vi è stato dato / e per questo i vostri figli non vi sanno rispettare / non conoscono il rispetto, non hanno niente da imparare / sempre allegri e pronti a tutto alle cinque di mattina / imbottiti di pasticche, merendine e cocaina / sono questi i vostri giovani, vi dovevano salvare / sono andati fuori strada con la macchina del padre, / sono questi i vostri giovani, a cui avevate insegnato / i valori della pace e gli errori del passato / sono questi i vostri giovani, democratici e sinceri, / rimbambiti da giochetti, puttanate e cellulari / vi chiederete come mai come mai come mai / [...] sono loro i veri figli di questa sporca falsa pace / con la faccia di Guevara e le bandiere arcobaleno / sono loro i veri figli del sogno / vi chiederete come mai come mai come mai / vi chiederete come mai come mai come mai / e intanto fuori dall'Europa, come in *Zombi* di Romero / arrivano le masse senza soldi né lavoro, / e poi da tutti i continenti che avete derubato / imbottito di stronzate e poi abbandonato / le masse impoverite, ingannate dall'astuzia / di chi ha fatto del mercato la sua unica giustizia, / quelli mica giocano col videotelefonino / [...] e se parliamo di coraggio è perché siamo preparati / a combattere per nulla nelle strade, negli stadi / in un mondo di rovine destinato a rovinare, / dando fuoco ai cassonetti quando arrivano i blindati, / quindi eccoti seduto con le mani nei capelli / senza soldi, senza storia, senza terra, senza figli".

"Mondo di merda." "Masse impoverite." "Preparati a combattere nelle strade e negli stadi." L'attacco alla modernità e al mondialismo. La violenza. Quando il brano finisce ricordo a Stefano le parole con cui i capi del suo gruppo descrivono la società di oggi. E come si definiscono: "La democrazia è fallita. Noi siamo le cellule dormienti di un sistema che sta andando a rotoli. Quando finirà questo sistema noi saremo lì, e ci faremo scudo, e come gli Arditi saremo la prima linea di qualcosa che nascerà. Una dittatura? La parola dittatura adesso fa paura, come se fosse chissà che cosa. Ma se sarà una dittatura dove il popolo riesce a vivere, a mangiare, a lavorare, a fare figli, ben venga la dittatura".

Mi dice Stefano che sostanzialmente lui è d'accordo: la pensa ancora così. È cambiata solo una cosa: oggi la sua militanza è finita. Ma non le idee. "Della politica all'inizio me ne fregava sì e no. Non sono entrato nell'estrema destra per la politica. Quella è arrivata dopo. All'inizio cercavo un gruppo che mi trasmettesse delle cose di cui avevo bisogno: sicurezza, appartenenza. Potermi fidare di chi avevo intorno, riconoscerci nello stesso modo di vestire, nella musica che ascolti, i concerti, lo stadio." Aveva un problema da superare: l'accettazione di se stesso. "Se entri nel gruppo sei uguale agli altri e le tue diversità non le vedi più o le vedi di meno." Il gruppo neofascista appare a Stefano sedicenne come una "comunità forte". È la capacità attrattiva che l'ultradestra esercita sui giovani: l'essere alternativo a un sistema, fiumi di adrenalina derivati dalle azioni e – ora ci arriviamo – il culto della forza e della "gioventù che avanza". Inizi a odiare e a prendere di mira qualcuno – categorie di persone: per la provenienza, per il colore della pelle, per la religione, per come si vestono, per l'orientamento sessuale. Lo fai per affermare te stesso e sentirti più forte. È come se svalutando gli altri rivalutassi la tua personalità. È quello che ho capito dall'esperienza di Stefano.

"Quando sono entrato mi hanno detto: o sei così, o non sei niente. Un vero italiano non tradisce." Mentre lo ascolto mi appare chiara la prima regola d'ingaggio per chi inizia a militare nell'estrema destra: fare propria la visione base del gruppo. L'ideologia si fonda su una presunta diseguaglianza tra le persone creata e alimentata ad arte dai capi. Già il concetto di "vero italiano" presuppone che ci siano italiani "non veri". Cioè quelli che non appartengono al gruppo, che non sposano le idee del neofascismo e del neonazismo. La prima esclusione da attuare riguarda loro. Subito dopo vengono gli italiani che "tradiscono". Chiedo a Stefano chi sono. "Quelli che stanno dalla parte degli immigrati, che li assistono e vogliono farli entrare in Italia. Loro sono i traditori della patria." Perché? "Perché, anziché difenderla, la rendono debole, con tutta sta gente che arriva e si mette a delinquere, a spacciare fuori dalle scuole, a rubare, a violentare."

Nel percorso di Stefano c'è un prima e c'è un dopo. Il prima è l'apprendistato, l'omologazione al gruppo. "Inizi a indossare i vestiti del gruppo, stesse marche. Porti i capelli a zero. Vai ai concerti, allo stadio, frequenti lo stesso giro: da simpatizzante diventi militante." Ma per diventare ufficialmente militante c'è il battesimo. Per Stefano è stato il pestaggio di un immigrato. "Dovevamo suonarle a un venditore ambulante, un africano che forse vendeva anche fumo, non so. Sicuro vendeva accendini e braccialetti. Vedevamo i ragazzi dei centri sociali che andavano sempre da lui. Mi ricordo che quando gli passavamo vicino la sera sentivo il suo odore forte. La prova per entrare nel gruppo era pestarlo. Ci dicono che dobbiamo lasciarlo a terra, massacrarlo di botte ma senza menare alla testa. Arriva il giorno. Lo aspettiamo in fondo a un sottopasso, vicino alla stazione, verso il centro. Luca mi dice che porta una mazza ma alla fine non la

porta. Meglio così. Anche se non dovevamo farci problemi. Hitler diceva che la coscienza l'hanno inventata gli ebrei ed è vero."
Il giorno dopo Stefano ha la mostrina del militante. Può indossare il giubbino d'ordinanza col simbolo del gruppo. Può partecipare alle riunioni senza stare sull'uscio a fare la sentinella, "ché magari arrivavano i compagni o la polizia". Fascista, nazionalsocialista: Stefano è un soldato politico. "Nel gruppo trovavo sostegno e protezione, c'era solidarietà e identità perché dopo un po' senti di appartenere a una cerchia di persone superiori. Diverse dal resto della società. Il gruppo sostituisce la famiglia. Il gruppo diventa tutto: amicizie, legami forti, interessi. Per dire: lo stadio. Io non avevo mai seguito il calcio, zero. A casa mia eravamo tutti per il ciclismo, mio padre andava in bici, mio fratello pure. I camerati andavano tutti allo stadio, ogni domenica. Avevamo un settore apposta. È ancora quello. Allo stadio fai il saluto romano quando annunciano la formazione della squadra. Tanti hanno la svastica e la croce celtica cucita sul giubbotto. Fai e dici quel cazzo che vuoi, è una zona franca e nessuno ti dice niente. Nella nostra curva comandavano e comandano i nostri, sono quasi tutti camerati. Quelli che vanno in giro e fanno gli scontri sono tutti fascisti. Tanti ragazzi del gruppo sono stati reclutati in curva. Vengono da lì, dai quartieri, dalla strada. Nel gruppo di borghesi non ce n'erano. È tutta gente che è lì perché crede in certi ideali. E quelli sono i tuoi ideali sempre, anche quando vai alla partita e magari dai dell'ebreo al tuo avversario o sfotti il giocatore di colore. A me non me ne fregava niente di rompere le balle al giocatore negro. Però gli scontri mi piacevano. Più ne facevo e più ne volevo fare. Mi hanno fermato e processato per cose di stadio. Daspato."
Gli Irriducibili della Lazio; i Boys e gli Irriducibili dell'Inter; i Viking, Drughi e Tradizione della Juventus; Boys, Giovinezza e Padroni di casa della Roma; la cur-

va Sud dell'Hellas Verona. Con Stefano parliamo dei gruppi più neri d'Italia. Per vedere l'effetto che fa gli mostro due immagini. La prima: un padre per mano al figlio di fronte alla panchina del Parco degli Acquedotti a Roma dove il 7 agosto 2019 è stato ucciso Fabrizio Piscitelli. Corone di fiori, sciarpe degli Irriducibili Lazio, bigliettini. Il terriccio dove era supino, pancia in su, il cadavere di "Diabolik", nell'estate 2019 diventa meta di pellegrinaggio. Papà e figlio – avrà cinque-sei anni – stanno immobili davanti alla panchina che gli Irriducibili fascisti hanno trasformato in una specie di altare. "Mio padre non lo avrebbe mai fatto. Portarmi a rendere omaggio a un capo ultrà che smazzava [spacciava]. A prescindere dal fatto che era di destra o di sinistra. Diabolik l'ho conosciuto a un raduno di estrema destra: era rispettato, ma si capiva che aveva interessi che andavano oltre la politica. Lo sapevano tutti, anche in curva. Forse era temuto proprio per quello. Il padre che porta il figlio al parchetto, lì... Fa quello che per lui è giusto. A me la droga mi ha sempre fatto schifo. Quando militavo avrei ucciso tossicodipendenti e spacciatori. Ognuno di noi ha una storia e viene da una realtà diversa. La mia è una famiglia tranquilla, persone a posto, lavoratori, gente onesta. Sta storia che si entra nell'estrema destra per problemi familiari, disagio sociale eccetera è una cazzata. Entri perché ti piace. Perché qualcuno ti invita e ti prende bene. Perché ti mandano il video di un corteo o la foto del gruppo e ti piace. Punto. Poi viene tutto il resto."

Al Parco degli Acquedotti ci vado due mesi e mezzo dopo l'omicidio di Piscitelli. All'Appio Claudio, zona Tuscolano-Cinecittà, è una giornata di sole. Raggiungo il punto dove "Diabolik" è stato freddato dal sicario travestito da runner percorrendo il parco: una scuola, un chioschetto, una postazione dove affittano pony. Bambini e genitori, qualche anziano, gente (poca) che corre sul sentiero sterrato in mezzo al prato incolto. Il colpo d'occhio dell'antico acquedotto romano è meraviglioso: intorno, molto meno. Alle spalle della panchina dove era seduto il capo degli Irriducibili, un centinaio di metri verso l'acquedotto, c'è un'area fitness: attrezzi, macchine, un pugile si allena tirando pugni nel vuoto, due ragazzi fanno flessioni. La panchina della morte non c'è più. L'hanno tolta. Niente più altarino. Al suo posto hanno messo un'aiuola circolare: a terra ci sono fiori colorati ma nient'altro, zero nomi, più nessuna sciarpa. Sono passati ottantacinque giorni dall'omicidio, eppure gli sguardi della gente sono ancora sospetti: uomini di mezza età, soprattutto. Ci vuole poco a capire che lo spessore criminale di "Diabolik", in questo quartiere di palazzine basse con le griglie alle finestre, era noto e pesava. Tutti lo conoscevano ma nessuno lo conosce più, a parole. Sei nella capitale d'Italia ma pare un pezzo della Piana di Gioia Tauro. Dicono che il ras fascista che comandava la curva Nord dell'Olimpico, se occorreva, faceva la voce grossa anche in quartiere: lui e la sua batteria di colonnelli e autisti. Gente fidata cresciuta nel mito dei Nar e del camerata Massimo Carminati, "er Cecato", di cui Piscitelli era un amico storico. "Loro comandavano per strada e allo stadio," mi dice Stefano. "Ci sono ragazzi della mia età che a Roma sono cresciuti idolatrando questi, e i ragazzini di oggi uguale. Lo so perché li ho conosciuti con la politica, ai concerti e allo stadio. Sai quanti camerati sognano di diventare dei Piscitelli? Ragazzini, eh." Stefano non entra nel merito della vicenda perché la sua realtà è un'altra: diversamente uguale, ma un'altra. Però si ricorda lo striscione "più figo che ho visto all'Olimpico". Quale? ROMA È FASCISTA. Curva Nord, quella di Piscitelli. La stessa dove a un derby nel '98 spuntarono due lenzuoli di venticinque metri con la scritta AUSCHWITZ LA VOSTRA PATRIA, I FORNI LE VOSTRE CASE.

L'altra immagine che condivido con Stefano è il video degli ultrà, sempre della Lazio, che il 24 ottobre 2019, prima del match con il Celtic, sfilano in corteo per le strade di Glasgow facendo il saluto romano e cantando uno dei loro cori da stadio: quell'*Avanti ragazzi di Buda* scritto da Pier Francesco Pingitore (il regista del Bagaglino), amato anche da Giorgia Meloni e cantato alla Camera, come fosse la curva di uno stadio, dai deputati di Fratelli d'Italia.

Stefano sorride. Stringe le spalle massicce e definite in palestra. "Be'? Qual è la novità? Le curve oggi sono quasi tutte nere. I gruppi fanno propaganda lì ed è proprio la concezione del tifo, oggi, che è di destra." Chiedo di spiegarmi meglio. "L'aspetto partita è diventato secondario. C'è una nuova generazione di tifosi a cui della partita in sé gli interessa quasi zero. La partita è un pretesto. Vai per l'appartenenza al gruppo, perché stai coi tuoi, perché è moda. È moda anche fare casino. Facci caso a come sono vestiti oggi gli ultrà. Guardali quando vanno in trasferta. I colori della squadra non li vedi quasi più. Sono tutti vestiti di nero, e non è perché è il nero. Ma ti fa capire che oggi le curve sono un laboratorio di giovani e giovanissimi che ritrovano in curva le cose che io, e tanti come me, hanno trovato in un gruppo politico: cameratismo, fedeltà."

Lo stadio è un'altra prova di iniziazione. "Per me no. Avevo pestato l'immigrato, io ero a posto. Ma a tanti chiedono di fare gli scontri prima o dopo la partita. O con una tifoseria di sinistra o con gli sbirri. I primi incidenti, col Napoli. Arrivano i pullman loro, eravamo un centinaio, quasi tutti 'coperti' coi cappucci. Li aspettavamo già dalla tangenziale. C'erano alcuni dei nostri là su una macchina che ci avvisavano. Quando stanno arrivando ti prepari, alzi i cappucci e vai in fondo al piazzale, dietro gli alberi. I napoletani sono tosti, della politica non gliene frega niente, però fanno casino. Volevano scontrarsi anche loro, arrivano pronti ma ci tengono lontani. Partiamo coi bomboni, le pietre e le bottiglie. Uno accende una torcia ma troppo tardi: le torce se le accendi lo fai subito,

per fare fumo e non far vedere a loro che cosa lanci. Lo fai per fregare la polizia, ché col fumo le telecamere non riescono a inquadrare chi parte nella carica. Sarà durato dieci minuti. Loro sono arrivati e scesi dai pullman. Abbiamo girato dietro lo stadio, ma sbirri anche lì. Staccavamo pezzi di cordolo dal marciapiede da lanciare. I napoletani avevano aste in mano, anche loro incappucciati ma li vedevo lontani. Ci siamo presi con la polizia e i carabinieri: noi pietre e pezzi di asfalto, loro lacrimogeni.
"Alla riunione settimanale mi hanno detto che ero stato bravo. Abbiamo preparato la trasferta dopo. Siamo andati in pullman con la svastica e la celtica esposte sul vetro. Su sessanta, una dozzina eravamo noi del gruppo. Lo sbattimento è il viaggio, ma quando stai arrivando allo stadio sei a mille: pensi solo a beccarti con gli ultrà dell'altra squadra. È il confronto che ti fa sentire vivo, ti misuri con altri e non sai un c...: se picchiano, se scappano, quanti vogliono fare gli scontri quel giorno. L'adrenalina è anche questa. Una volta a Brescia ci hanno assaltato in duecento, ci hanno tirato di tutto e volevano distruggere i nostri pullman. La polizia se lo aspettava più avanti, sul viale che porta verso lo stadio, perché di solito è lì che succedono i casini. Invece sono saltati fuori prima, con le sciarpe e tutto, coperti e armati che sa dio cosa avevano addosso. Siamo scesi tutti, un attimo e non si vedeva più niente: qualcuno è risalito sul pullman perché arrivavano pietre e bottiglie da tutte le parti. Siamo partiti in una ventina, poi sono arrivate le guardie e ci hanno ricacciato sui pullman." Stefano dice che "la trasferta è una figata". "Ti aspettano e sanno che noi siamo quelli che fanno il saluto romano, lo sa anche la polizia, tutti lo sanno. A me questa cosa che ti identificano come gruppo di estrema destra mi esaltava un casino. Anche fare le cose con gli altri: ti rafforza, fa sentire uniti."

Quella di Stefano era ed è una comunità combattente, che discrimina e fomenta la violenza contro gruppi "diversi". Tutte le azioni, anche gli incidenti provocati allo stadio, devono avere sempre una connotazione politica. È come un marchio. Un bollo che metti sulle cose che fai: dai reati di propaganda – volantinaggio, banchetti, insulti in rete – alle mobilitazioni fisiche e le sommosse contro un centro per immigrati, e poi le aggressioni, gli agguati.

Partendo dal tifo e dalle trasferte con la svastica appesa ai vetri del pullman Stefano mi parla dei "campi". So che non intende i terreni di gioco degli stadi. So a cosa si riferisce. Lascio però sia lui a parlarmene. "Tanti di noi si addestrano nei 'campi'. Veneto, Friuli, Trentino, Istria, Croazia, Austria. Sono dei raduni dove ti insegnano a combattere. Mani nude e armi bianche. Impari a usare il coltello e il bastone. Sono adunate estive sempre collegate a gruppi e a realtà politiche di estrema destra. Io ci sono andato una volta. È una cosa che ti può servire, ma sono anche cose un po' per esaltati: vedi gente scoppiata di testa, ex militari, gente che ha fatto guerre e missioni all'estero, mercenari. Una volta in Friuli è venuto un ex comandante dei paracadutisti, mi han detto che è stato uno importante. Non aveva il basco amaranto, l'aveva portato, ce l'ha fatto vedere ma non lo indossava: dicevano che poteva venire fuori una merda per lui, anche se ormai era in pensione. C'erano due pugili e poi dei contractor, mi pare che si chiamano così. Sono quelli che vanno in giro dove ci sono le guerre chiamati dagli stati in aiuto agli eserciti. Questo tipo era stato in Kosovo e in Afghanistan, un pazzo. Un giorno mi fa: se devi picchiare uno lo devi fare per uccidere. Ma deve valerne la pena. Voi a volte fate delle cazzate. Così, mi dice. Non sapeva niente di me e del gruppo. Forse aveva anche ragione: io ho pestato un immigrato solo perché mi avevano detto che lo dovevo fare per entrare nel gruppo. A me gli immigrati mi stanno sulle palle. Ma se non me lo avessero ordinato forse non lo avrei picchiato, non credo. In questi campi ti massacrano di allenamento: prove fisiche, passaggi con le corde nei fiumi e nel fango. Ti devi arrampicare sugli alberi e poi buttarti giù senza niente e subito dopo tre serie di flessioni da cinquanta e tre di trazioni. Ci vai per imparare a combattere. Le tecniche, le prese, i colpi. Roba che puoi imparare anche in palestra ma lì è diverso, è proprio l'ambiente, sei come un militare." "A menare davvero," continua Stefano, "ho imparato sulla strada, guardando gli altri. Il nostro è un gruppo gerarchico: comanda il più forte, quello che si fa rispettare, e il rispetto nell'estrema destra lo guadagni anche con la violenza. Per dire: un tempo sono venuti da noi dei ragazzi greci e serbi. Gente tosta, abituata a scontrarsi. Sono stati con noi una settimana. I più forti dei loro sono rimasti impressionati dal nostro livello di addestramento e di preparazione fisica. Devi essere sempre pronto, allenato."

Il capo del gruppo dove si è radicalizzato Stefano dice di essere "orgogliosamente razzista". Sostiene che lui ragiona in termini di "distinzione" perché "esistono razze diverse, altrimenti saremmo tutti uguali, tutti della stessa razza". Aggiunge che "è proprio nella difesa delle differenze che c'è un valore, non nella massificazione". Nazionalsocialista lui, nazionalsocialista Stefano. "Hitler," dice il capo, "non era un pazzo. Aveva sicuramente grandi capacità politiche e organizzative. Altrimenti non avrebbe fatto le cose che ha fatto." Chiedo a Stefano se si riconosce in questo delirio. "Ti mettono in testa questi concetti. A me gli ebrei boh, non so, mi sono indifferenti. Mai conosciuto uno. Il problema oggi sono gli immigrati. Per uno che vive nell'ideale del 'Dio, patria e famiglia' l'immigrato è una storia da fermare. È come nella canzone, no? 'Con il tuo turbante vorresti comandare decidere per me quale Dio pregare'."

Da dove nasce questa avversione verso lo straniero? È razzismo puro? C'è una leva psicologica alla base dell'odio? La strategia dei gruppi neonazifascisti segue un canovaccio: attiri il giovane con la parte ludico-aggregativa, musica, social, stadio. Gli offri una forma di partecipazione che va in una direzione ben precisa. Crei in lui una dipendenza sempre maggiore e per radicalizzarlo nella militanza gli ficchi in testa l'idea che "il popolo, il tuo popolo, viene prima di ogni altra cosa. Anche prima di te. Il popolo è tutto. 'Amo il mio popolo, amo la mia terra, e per quella combatto.' Lo schema è: tu sei il popolo, noi siamo il popolo, e se esci dal gruppo diventi un 'traditore'. Uno che ha tradito se stesso e quindi il popolo".

Che qualcosa dentro di lui si era rotto Stefano inizia a capirlo dopo l'ennesima riunione mensile del gruppo. Sono passati pochi mesi dalla fine del Daspo. La domenica, adesso che non doveva più andare a firmare in questura, gli piaceva andare in montagna con la fidanzata. In settimana lavoro sodo: operaio mulettista. Durante la riunione si discute di un'azione dimostrativa antimigranti. Altri militanti riportano gli effetti di due striscioni affissi: uno fuori da una scuola e uno su un cavalcavia. Sempre roba di lotta all'immigrazione. "Avevo diminuito la mia presenza. Partecipavo meno alle cose. Non ero ancora tornato nemmeno allo stadio. Dicevo che ero preso dal lavoro. Due volte la settimana avevo iniziato come guardiano notturno in un'azienda. In realtà ero arrivato a un punto di non ritorno con la mia fidanzata. Era arrivato l'ennesimo ultimatum. Dopo le ultime botte. Mi ero presentato al compleanno della sorella con un taglio qui [indica all'altezza del mento, c'è una cicatrice, è il segno di una bottigliata]. I camerati mi fanno notare che sono scazzato, insomma che sto battendo la fiacca. E me lo dicono con modi sempre meno gentili. È vero, da tre settimane non facevo i turni per presidiare la sede. Noi avevamo una sede, c'era una telecamera ma mezza scassata. Si faceva a turno. Ogni giorno si fermava un militante. Di guardia stanno sempre i più giovani. Tieni una mazza e un coltello, nel caso chiami gli altri camerati. Non li facevo da un po' i turni, però per anni ho volantinato, attaccato manifesti all'alba o di notte, partecipato a manifestazioni, blitz, pestaggi, sono stato in giro per l'Italia e all'estero, sono stato vicino a camerati in difficoltà come un soldato assiste i suoi commilitoni. Noi ci siamo sempre considerati soldati. Però sei anche uomo. Dove cazzo è sto cameratismo se appena hai una situazione non puoi neanche parlarne con nessuno? Parlo con Luca, l'amico che mi ha portato nel gruppo. Ci conosciamo dalle scuole medie. Di lui mi sono sempre fidato. Pensavo fosse dalla mia parte: invece mi ha detto che se pensavo all'amore e non al gruppo ero un 'traditore'. Mi ha fatto sentire uno sfigato. Per un attimo mi è sembrato di essere tornato alle scuole elementari, ma adesso sono un uomo e ti guardo in faccia e se mi fai schifo te lo dico. Gliel'ho detto. Lì ho capito che l'estrema destra dove sono entrato era una falsa famiglia. Per capirlo ci ho messo sei anni. Non ero accecato. O forse sì. È che la mia ideologia è quella, e non la volevo mettere in discussione per i cazzi miei. E poi all'inizio è bello, ti senti bene. Anche se si fa fatica. Fai fatica a entrare e fai fatica a uscire. Ho guardato al mio futuro, a quello che avevo e a quello che avevo perso. Le cose che avevo cercato nel gruppo, il sostegno e la protezione, adesso le avevo dagli affetti. E per quelli non dovevo collezionare denunce, picchiare o essere picchiato."

La relatività del tempo, nel distacco dai gruppi neofascisti e neonazisti, è il nemico più agguerrito. È come una sirena che non smette di farti arrivare il suo canto, è la tossicità dell'estremo. È l'impasto ideologico, l'adrenalina che bussa. L'abbandono è un processo lungo, complicato. E l'odio e la violenza te li porti dietro: lasciano tracce anche fisiche. Scavano il volto e basta vedere come sono messi certi vecchi militanti come Maurizio Boccacci, il capo della Militia antisemita di Roma, amico del "Cecato" Massimo Carminati, che il 28 ottobre di tre anni fa si presenta sotto il parlamento, solo, come i pazzi, ed espone la bandiera della Rsi per protestare contro il divieto alla marcia su Roma di Forza nuova (commemorativa del famigerato corteo del 1922 che segna l'ascesa del fascismo). Stefano no, non ha il viso svuotato. Non ha l'aria di chi è stato divorato dalla violenza squadrista e dal razzismo. Stefano non ha cambiato idea sullo stato e sui suoi nemici. Forse non lo farà mai. Però ha scelto di stare lontano dai camerati. Su di loro ha aggiustato il tiro. Quando il nostro incontro finisce capisco che non gli interessava raccontare una bella storia a lieto fine (che forse non c'è stato). Non sarebbe interessato nemmeno a me ascoltarla. Stefano sa che resterà marchiato come militante di estrema destra. Non so prevedere se questo gli creerà davvero disagio oppure no, e fino a che punto. Forse è cambiato veramente solo nel fisico, Stefano. "Ho fatto arti marziali per anni, ho smesso ma mi alleno sempre. Non si sa mai. Sono nato preda e sono diventato lupo. Il problema è che sono uscito dal branco." E il branco morde. "Stai sempre con gli occhi aperti. Due li hanno presi, portati in garage e gonfiati di botte. Un altro, l'anno scorso, l'hanno trovato fuori dallo stadio in trasferta: era andato per conto suo, con amici che non hanno niente a che vedere con il gruppo, gente tranquilla. È tornato a casa pestato. O stai con loro o sei un traditore, un infame. Ecco: a me la parola infame mi fa schifo. Non lo sono mai stato. Quindi non me lo devono dire."

C'era una volta il grassottello che alle elementari non riusciva a reagire quando lo sfottevano. Una volta andava sempre in giro col branco. Adesso gira da solo e mi dice che si guarda le spalle. Mi piace pensare che, dentro di lui, un pezzo di quel bambino che non si era ancora iscritto alla scuola dell'odio sia ancora vivo.

Videogame suprematisti

9 ottobre 2019. Halle, Sassonia, Germania dell'Est. Il neonazista Stephan Balliet, ventisette anni, attacca la sinagoga in città. Ha progettato una strage. Indossa tuta mimetica ed elmetto ed è armato fino ai denti: fucile automatico, mitra e pistola. Ha modificato le armi in casa usando una stampante 3D. Nella sinagoga sono radunate un'ottantina di persone perché è il giorno dello Yom Kippur. La porta del centro di preghiera resiste, Balliet inveisce contro gli ebrei, "la radice di tutti i problemi". Poi ripiega su un fast food di kebab. Spara a una passante e a un cliente del locale. Bilancio dell'attentato: due morti, due feriti. Il killer neonazi trasmette tutto il blitz in diretta su Twitch. Che cos'è? Una piattaforma di streaming per videogiochi di proprietà di Amazon, molto usata dai teenager. Balliet diffonde trentacinque minuti di immagini agghiaccianti, riprese dalla telecamerina GoPro montata sull'elmetto. Prima dell'azione in stile militare l'attentatore ha postato sui social un video-selfie dall'auto in cui dice: "L'Olocausto non è mai successo".

3 agosto 2019. El Paso, Texas. Il nerd Patrick Crusius, ventun anni, si infila le cuffie antirumore, penetra nel centro commerciale Cielo Vista e apre il fuoco con il fucile d'assalto Ak-47: ventidue morti e ventiquattro feriti. I motivi della strage li spiega in un manifesto postato sul forum suprematista 8chan: "Difendo il mio paese dalla sostituzione etnica e culturale portata da un'invasione". Crusius abita ad Allen, periferia di Dallas: è un nerd solitario e irascibile, forse bullizzato.

14 marzo 2019. Christchurch, Nuova Zelanda. Il suprematista australiano ventottenne Brenton Tarrant – finanziatore della Generazione identitaria austriaca – fa irruzione in due moschee: falcia cinquanta persone e ne ferisce altre quarantasei. Anche lui

trasmette il massacro in diretta. Su Facebook. Poco prima di entrare in azione posta un manifesto – pure lui sul forum 8chan – dove si descrive come un "normale uomo bianco". Spiega di essersi ispirato alla strage compiuta a Utoya, in Norvegia, da Anders Breivik nel 2011. "Voglio uccidere gli stranieri invasori," dice. Tarrant, che aveva diffuso sui social messaggi e simboli tipici dell'estrema destra neonazista, farnetica di "genocidio dei bianchi" causato dall'"immigrazione di massa". Sul caricatore di uno dei fucili c'è anche il nome del nazileghista Luca Traini, autore della tentata strage di Macerata.

22 luglio 2011. Oslo e Utoya, Norvegia. Il killer neonazista Anders Breivik fa esplodere un'autobomba in pieno centro a Oslo, poi si veste da agente della polizia norvegese, sale su un gommone e raggiunge l'isola di Utoya dove è in corso il campus estivo della gioventù del Partito laburista. Finge di cercare delle bombe e si mette a sparare. Prima all'impazzata, poi mirando. Bilancio dei due attentati: settantasette vittime. Breivik – vicino al gruppo inglese di estrema destra English Defence League – due anni prima aveva pubblicato in Internet un manifesto dove annunciava il suo piano di follia neonazista. Titolo: "2083 Dichiarazione di indipendenza europea". Un memoriale di millecinquecento pagine nel quale Breivik si definisce un cristiano conservatore, patriota e nazionalista, e si scaglia contro il multiculturalismo e l'immigrazione musulmana. Nel giro di un anno, dal settembre del 2009 all'ottobre del 2010, Breivik lascia tracce e post in serie su Document.no, sito norvegese critico su islam e immigrazione.

Che cosa hanno in comune questi quattro casi, oltre alla matrice neonazista e suprematista? Tutti e quattro gli attentatori usano il web per annunciare le loro azioni. Due addirittura le trasmettono in diretta: uno appoggiandosi al social network più diffuso nel mondo, l'altro a una piattaforma streaming usata dai ragazzini per i videogame. Le immagini degli attacchi fanno il giro del pianeta, riprese dalle tv che a loro volta attingono al web; la faccia degli attentatori anche, e pure la voce.

Balliet, Crusius, Tarrant e Breivik li abbiamo chiamati "lupi solitari". Abbiamo sbagliato, definizione impropria. Sono lupi ma non sono soli. Hanno agito per conto loro, è vero. Hanno custodito arsenali, fabbricato armi sulle quali hanno inciso svastiche. Ma non sono soli. Fanno parte di un branco che in Europa e nel mondo conta centinaia di migliaia di adepti. È il network neonazista e razzista che i servizi segreti europei – da tempo – considerano persino più insidioso di quello degli attentatori di matrice islamista. L'odio verso il "diverso", la discriminazione come stile di vita, la difesa della razza, l'intolleranza nei confronti degli immigrati e degli ebrei, la nostalgia dei regimi. È la stessa benzina di cui sono imbevuti gli ambienti dell'ultradestra italiana.

C'è un aspetto, però, che merita di essere approfondito: è un terreno ancora inesplorato. O comunque non abbastanza illuminato in relazione ai reati di sangue di stampo neonazista, antisemita e razzista. Quando la sera del 9 ottobre 2019 apprendo che il killer di Halle ha trasmesso in streaming il suo attacco su Twitch, ho un sussulto. Avevo sentito parlare spesso di Twitch. Gli amici adolescenti di mia figlia, come milioni di ragazzini, lo utilizzano per uno scopo ludico: lì gli utenti condividono in tempo reale con i loro follower le sessioni di gioco. Twitch è una piattaforma YouTube dedicata esclusivamente al mondo dei videogame. Oltre ai principali dispositivi mobile che utilizzano iOS o Android, per appoggiarti a Twitch puoi servirti anche di console come PlayStation 4 e Xbox One. Penseresti mai che un attentatore neonazista si alleni alla PlayStation?

Perché Stephan Balliet affida a Twitch la diretta del suo attacco alla sinagoga di Halle? Perché ha dimestichezza con la piattaforma. Come racconterà il padre dopo l'attentato – che non si è trasformato in una strage solo per puro caso (l'attentatore aveva in auto quattro chilogrammi di esplosivo, ma il portone della sinagoga ha retto al suo primo assalto) – il ragazzo stava sempre chiuso in casa. Si sentiva emarginato. Forse lo era davvero, forse no. Balliet passava il tempo a giocare ai videogame e a smanettare sui forum della destra nazionalsocialista che nutrivano il suo odio verso gli ebrei.

Ma chi era davvero lo "sfigato" Balliet? O meglio, chi si sentiva: una persona o un personaggio? La domanda non è retorica. Ha un senso per quello che ho cercato di capire e che voglio raccontare. L'educazione nazifascista oggi può contare su un alleato in più: non più e non solo la rete, non più solo i social network. È un alleato quasi insospettabile, invisibile, che però si presta benissimo ed esercita la sua funzione: i videogame. È un mondo che conosciamo o dovremmo conoscere bene perché è anche quello dei nostri figli, ma forse ne conosciamo solo una parte: la più igienica. C'è un'altra metà della luna, ed è scura. È fatta di giochi violenti, dove si impara a uccidere, a sparare, a bruciare palazzi, a lanciare bombe, ad accoltellare la gente per strada. A discriminare il "diverso" e a cercare nemici sempre nuovi. Ogni volta uno. Sempre più nemici, perché il nemico è la prova. E il nemico spesso è l'invasore. Un invasore umanizzato, non più, come nei videogiochi di una volta, l'androide che viene da mondi lontani. Quello che brutalizza il nemico, che lo squarta con un ordigno o un fucile automatico, che lo centra in pieno volto con una mitragliata dopo essere penetrato nel suo edificio sei tu alla consolle. Tu sei il superuomo che cancella dalla faccia della terra il tuo nemico. Ci sono giochi dove più reati commetti e più armi puoi acquistare: rapine, assalti, furti, agguati. Altri dove si promuove l'"ideologia politica della maggioranza bianca". Altri dove devi sconfiggere una setta o una categoria di persone: a volte hanno la pelle scura, altre volte indossano capi particolari. Il richiamo alla realtà – agevolato dall'alta definizione delle immagini che sono ormai reali – fa il resto. Lo diciamo subito: nessuno vuole criminalizzare i videogame. Ma io penso valga la pena soffermarsi e approfondire il tema. Partiamo dal meccanismo persona-personaggio. Il primo rischio per l'adolescente è questo: la spersonalizzazione. Ti immedesimi in un personaggio, te lo costruisci. E tu alla fine ti senti quella cosa lì. Tu sei lui. Il tuo avatar. E il tuo avatar a volte corrisponde a ciò che vorresti essere. Sogni di essere lui. Smetti di essere te stesso. Questo processo può arrivare a volte a completamento di ciò che vivi nella vita vera. Magari a scuola sei entrato in contatto con la propaganda dell'estrema destra, ti sei avvicinato a un gruppo, sei rimasto affascinato dagli slogan, ti hanno invitato a un concerto di rock nazionalista. Hai già metabolizzato i contenuti nostalgici e le idee della gioventù neofascista: ne hai mutuato i codici, i simboli, l'atteggiamento. Ti hanno raccontato che l'immigrato è una minaccia e tutte queste cose. Poi capiti sul videogioco splatter o in quello dove ti invitano ad assumere droghe per essere più performante nell'azione criminale.

Benvenuti nella galassia dei giochi Pegi 18. Una sigla che certifica e classifica i videogame per soli adulti. Si applica quando la violenza raggiunge un livello tale da "diventare rappresentazione di violenza grave o che include elementi specifici di violenza". Che cosa si intende per "violenza grave"? A che punto scatta? La definizione può essere soggettiva. Mi rivolgo a un esperto: si chiama Domenico Geracitano, è un poliziotto in servizio alla questura di Brescia. Si occupa da anni dei rischi contenuti in rete, su social, videogame, piattaforme digitali. Rischi soprattutto per adolescenti e preadolescenti. È anche scrittore e incontra ogni anno migliaia di studenti a cui spiega cosa significa l'uso consapevole del web. E perché il rischio razzismo e discriminazione può arrivare anche, e oggi soprattutto, dallo smartphone. Incontro Geracitano a Brescia pochi giorni dopo l'attentato di Christchurch. Gli chiedo qual è la leva che può favorire l'aumento dell'odio e della violenza – anche su base ideologica – di un adolescente alle prese coi videogame.

"Spesso i ragazzini entrano nel mondo virtuale senza strumenti. Faccio un esempio. Chi ha un profilo social ancora prima degli undici anni – mentre l'età minima è tredici anni – infila una strada piena di insidie e pericoli. A parte tutto ciò che sappiamo – i casi di chi usa la rete per adescare minorenni eccetera –, il punto centrale è che gli adolescenti tendono a diventare dei personaggi ancora prima che delle persone. E rischiano di non diventare mai delle persone. Questo è l'aspetto più nocivo. Da qui, a cascata, possono derivare una serie di comportamenti. E quei comportamenti a volte possono sfociare in gesti sconsiderati. Ma che in realtà sono vissuti e pianificati da chi li compie con la consapevolezza – assurda – che facciano parte di una normalità. Il ragionamento è: lo faccio nel videogame? Allora lo posso fare anche nella vita. Ammazzo nel gioco? Allora posso ammazzare anche fuori dallo schermo, là fuori, per strada. Muoio nel gioco, allora posso morire anche nella vita."

Quando incontra i ragazzi nelle scuole Geracitano fa scorrere le immagini di giochi famosi. "Di solito succede così. Tutti urlano e indovinano di cosa si tratta. E quando chiedo chi te li ha regalati, rispondono mamma, papà, Babbo Natale, santa Lucia. Ma sono giochi violenti. Che in molti casi promuovono il razzismo e la discriminazione, associati al consumo delle droghe." La classificazione dei giochi va in base all'età e a seconda del contenuto: "Le classificazioni Pegi sono riportate sul fronte e sul retro delle confezioni e indicano l'età: tre, sette, dodici, sedici e diciotto. I descrittori presenti sul retro della confezione indicano i motivi principali per cui un gioco è stato classificato in un determinato modo. Ci sono otto descrittori: violenza, linguaggio scurrile, paura, droga, sesso, discriminazione, gioco d'azzardo e gioco on line con altre persone".

I videogame con contenuti razzisti e suprematisti sono ovviamente Pegi 18. "Ma capita molto spesso," spiega il poliziotto, "che ad adolescenti o preadolescenti i genitori regalino Pegi 18. Con *Mordhau*, gioco diffusissimo, crei il tuo personaggio. Lo userai anche per ferire, ammazzare, far saltare covi o centri di aggregazione. È il tuo superuomo pronto a battersi, il soldato che esegue una missione. Già dal livello Pegi 16 chi gioca deve essere in grado di gestire un linguaggio più scurrile, il concetto dell'uso di droghe e la descrizione di attività criminali. Poi si va nel Pegi 18. I giochi da qui in poi sono quelli che possono incoraggiare la discriminazione e la violenza."

I più diffusi si chiamano *Postal*[2], *Gta*, *Call of Duty*, *Rainbow Six Siege*. *Postal*[2] ha ricevuto diversi premi, ma le recensioni l'hanno criticato definendolo anche un gioco splatter stupido, con tanta violenza gratuita e fine a se stessa. Il gioco contiene chiari messaggi lanciati contro la politica americana e per questo è stato spesso oggetto di attacchi. In particolare per la violenza sugli animali. Si gioca ad ammazzare il gatto: più gatti raccogli e più punti base totalizzi. Fatto l'inventario, il gatto può essere infilato sulla canna dell'arma attraverso l'ano (i gatti possono essere usati solo se equipaggiati con un fucile o un fucile d'assalto) come "silenziatore". Ogni volta che viene sparato un colpo, il gatto miagola in apparente agonia e il colpo di pistola viene smorzato. Dopo nove colpi il gatto ha esaurito la vita e volerà via.

Dagli animali agli uomini. Qui si entra nel regno di *Gta*, acronimo di *Grand Theft Auto*. Raccoglie quattro capitoli più recenti: *V*, *Online*, *IV* e *San Andreas*. Il videogioco è un allenamento al crimine e promuove l'"ideologia politica della maggioranza bianca". Più volte è stato accusato di incitare a violenze efferate. Aprile 2019: a Monza vengono arrestati sei giovani per rapina aggravata e tentato omicidio. La banda prendeva di mira giovanissimi che, sotto minaccia di violenza, erano forzati a consegnare smartphone, denaro, scarpe da tennis e altro. I rapinatori si ispiravano a *Gta*. In un'intercettazione telefonica, uno dei membri della gang dice: "Non sono uno da Xbox lo sai xxxx, le facevo in giro le cose. Sulla Play xxxx m'annoiano [...] è *Gta* quello che sto giocando io ora! E vabbè, quello lì tu rubi, fai le rapine, rubi le macchine... eeeh vabbè, che cazzo, farlo sulla Play, cazzo oh... mi viene voglia di prendere, uscire e farle, capito, che cazzo di gioco fare sto gioco...".

Ci sono giochi che sono diventati piazze virtuali. E in piazza capita di insultarsi, affrontarsi, scontrarsi. *Mordhau* è un videogame di ambientazione medievale, in terza persona. Ogni giocatore può creare e armare il proprio cavaliere partecipando a diverse zuffe. Un gameplay semplice e funzionale, che in poco tempo ha collezionato circa un milione di copie vendute, ma il cui successo ha comportato un problema non da poco: la gestione della community. La policy aziendale prevede la totale libertà per i giocatori-utenti di esprimersi come vogliono: nessuna censura. E così in *Mordhau* i ragazzini si insultano a volontà: offese razziste, "negro", "ebreo", "scimmia", "gay", "trans". Il team di sviluppo del gioco lascia fare perché considera l'uso di parole normalmente offensive o discriminatorie lo slang di un linguaggio comune. Mondo virtuale uguale mondo fisico, e viceversa. Se si discrimina nella vita reale perché non si dovrebbe farlo anche nel gioco on line? Per dire: c'è un thread intitolato *Post your Kniggas*: l'ultima parola è l'unione infelice di "knight", cavaliere, e "nigga", un termine usato nell'inglese vernacolare afroamericano che sta per "negro".

Contro i "nigga" si scagliano i suprematisti incaricati di portare a termine missioni per comprare armi. Più nemici abbatti e più esplosivo avrai a disposizione per continuare a far saltare edifici. I "nigga" vengono colpiti non come individui, ma come rappresentanti del "gruppo" loro assegnato. Una concezione della sfida che poggia su una delle basi dell'educazione fascista: la diseguaglianza fra le persone, il conflitto fra gruppi. C'è un gruppo che ha la mission di attaccare, e c'è un gruppo che rappresenta un obiettivo da colpire ed eliminare.

Quattro chili di esplosivo. Il neonazista sassone Stephan Balliet li aveva sistemati nel baule dell'auto prima di accendere la telecamerina e mettersi in diretta Twitch. Se fosse riuscito a penetrare nella sinagoga avrebbe fatto una strage. Vera, non per finta. Il videogioco per lui era continuato nelle strade di Halle: dopo gli ebrei venivano i "nigga", i kebabbari, che valgono pur sempre quattro colpi di fucile. Forse anche Balliet, come un postadolescente, aveva smesso di essere persona ed era diventato personaggio. O magari era diventato personaggio prima di diventare persona. Forse non ci aveva capito più niente e la sovrapposizione dei ruoli è diventato il combustibile della sua follia.

Avrebbero potuto fermarlo e neutralizzarlo Balliet? Nelle strade di Halle non ci sono riusciti. Nella vita virtuale forse sarebbe stato possibile. In *Whack the Terrorist* – rigorosamente Pegi 18 – si diventa "eroi nazionali" bloccando un pericoloso terrorista in procinto di commettere una strage. Il gioco è in bianco e nero. Il nemico che devi uccidere è nascosto da un passamontagna, si crede invincibile. Per farlo fuori hai a disposizione vari oggetti. Lo slogan dice così: "Salva vite innocenti e rendi sicuro il tuo quartiere".

Difendi il tuo perimetro, il quartiere, la città, la patria. Combatti per questa. Sembra di riascoltare le parole del capo di Stefano F.: "La violenza è nella società," gli ha detto quando lo ha accolto nel gruppo, ad appena sedici anni. Là i personaggi erano veri: usavano lame e portavano la svastica sul petto. Facevano ronde di resistenza etnica. Organizzavano agguati. Non c'era finzione e il sangue scorreva davvero. Esci dalla vita-vita ed entri in quella virtuale. Che però le assomiglia fino a dominarla. O a determinarla. Per capire cosa si annida dietro questo intreccio fra realtà e gioco, tra violenza virtuale e violenza reale, e praticata, incontro Raffaele Mantegazza, docente di Pedagogia generale e sociale al dipartimento di Medicina e Chirurgia dell'Università di Milano Bicocca. Mantegazza, nei suoi studi e nei suoi scritti, si è occupato della Shoah, di dialogo interreligioso, di razzismo e antifascismo e del tema della morte. "Una volta il gioco imitava la realtà," mi spiega, "ora sembra vero il contrario. A nessuno sarebbe mai venuto in mente che i fantasmini di Pac-Man fossero reali, perché il gioco aveva una patina protettiva che lo rendeva inverosimile. Il pupazzetto del Subbuteo non doveva assomigliare a Platini, semmai ci si scriveva sopra a pennarello il numero 10. Così da ragazzini si sparava con il Winchester di Tex Willer e spesso si faceva anche il rumore dello sparo con la bocca. Ci si picchiava, a volte, ma era un corpo a corpo, nel quale erano evidenti e visibili i danni inferti agli altri e quelli subiti da noi. Si conosceva il limite del gioco, e se alla fine occorreva qualche cerotto, era perlomeno applicato sul nostro corpo vivo."

Poi è venuto un altro tempo. Il secondo tempo. O lo spazio della "seconda vita". Il limite si è dilatato e il gioco è diventato pericoloso. I piani del vero, del verosimile e del falso si confondono. Basta un clic e il "normale uomo bianco", come si descriveva Brenton Tarrant, il boia di Christchurch, scatena la bestia dell'odio. Continua Mantegazza: "I videogame delle categorie 'picchiaduro' e 'sparatutto' dicono molto già nel nome. Spesso la cornice narrativa è un puro pretesto per legittimare squartamenti, stragi, investimenti di pedoni; il tutto seduti, sdraiati, senza sforzo, senza sudore, senza sporcizia". Un massacro asettico. Il Lysoform dell'assassinio. "Il gioco non è più narrazione, non racconta più una storia ma è semplice addestramento; i ragazzi giocano con una freddezza e un cinismo dai quali è espulsa ogni gioia, ogni ironia, ogni tenerezza. Il gioco ha perso la sua patina di finzione e ha guadagnato in 'iperrealismo'. Le persone che i giocatori uccidono sono più reali del reale, grazie all'altissima definizione, e il fatto che non muoiono realmente conta poco, visto che ormai anche le azioni di guerra o di terrorismo utilizzano visori che trasformano le vittime in aggregati di pixel. Si uccide per finta soprattutto quando si uccide per davvero."

È questo, forse, il codice di lettura da usare per capire l'abisso del male e la cultura digitale dell'odio. L'onnipotenza del giocatore. Ti credi talmente grande e potente da dimenticare la tua vulnerabilità. Prima nel gioco, poi nella vita. "A differenza del finto cowboy dei giochi nei boschi, il giocatore non è vulnerabile. Non muore mai, e se viene ferito può sempre azzerare l'esperienza e ricominciare da capo." Il gioco porta il giocatore nel ruolo di Dio (*ArtGod* si chiamava un videogame nel film *eXistenZ* di Cronenberg). "La realtà psicotica nella quale il gioco immerge i ragazzi serve a bypassare qualunque ragionamento e qualunque argomentazione. Lo faccio perché posso farlo; e soprattutto, lo faccio nel minor tempo possibile." "Bang bang baby you're dead", come cantava Bruce Springsteen. Solo che davanti non abbiamo una "baby" ma il simulacro di un essere vivente. Non c'è materialmente il tempo di riflettere, al massimo quello di inquadrare il target. Spara Jurij spara!

Quando il soldato politico si forma, quando alla fine dell'educazione fascista è impregnato di ideologia e gonfio di razzismo, può iniziare il secondo livello del gioco. Il guerriero esce da un campo ed entra nell'altro. Non ci sono linee che delimitano il terreno. È come se a un certo punto tutto si confondesse. Come se non esistesse più una realtà virtuale contrapposta alla realtà reale. Esiste solo la realtà di un addestramento al combattimento e all'insensibilità. Elimini l'empatia, annienti ogni coscienza morale. Tutto è reversibile, il gioco si resetta, si riparte sempre da capo. Non pensarci: tanto nessun reload potrà restituire la vita alle povere vittime lasciate sul campo quando da un livello di realtà si passa all'altro. Picchia duro, tanto non muori mai.

Epilogo
L'italiano nuovo

Qual è il prodotto finale, "armonicamente completo", dell'educazione fascista? Lupi, cacciatori o licantropi? Boyscout identitari o guerrieri? Lo sapreste riconoscere, adesso, il nuovo fascista, oppure l'identikit dei nuovi camerati rischia di essere come quello degli adolescenti di oggi, figure dai contorni sfumati, delle quali si sono persi l'inizio e la fine, e proprio per questo diventano difficili da tracciare e controllare? Il soldato politico dell'estrema destra è un pendolo che oscilla, è il nero che sfugge, è uno Zelig al contrario: anziché assimilare le caratteristiche dell'ambiente in cui di volta in volta si trova, applica la sua dottrina ai pezzi di vita dove gli hanno detto che può giocare da protagonista. La sua targa è l'identità. Da difendere e riaffermare. A volte però occorre coprire, cuore nero dentro tuta mimetica. C'è di nuovo che adesso il lupo si nasconde sempre meno. Non ce n'è quasi più bisogno. Uscire allo scoperto. Mostrare i denti. Tanto nel bosco i piani si confondono. Il ragazzo con cui ti alleni in palestra è quello che il tuo amico incontra fuori dal supermercato mentre offre la busta della spesa alla vicina di casa di tua nonna. Ma è anche il tipo che in curva domenica fa il saluto romano e grida "Sporco ebreo", e fa buuu al giocatore nero; eppure dai, anche lui ha un lato buono, da animatore in colonia fa cantare i bambini e sta sempre insieme a quell'altro che è partito per la Siria per la storia dei cristiani. Ma tu l'avresti mai detto: proprio lui, che personalità multipla! Uno che te lo ritrovi in chiesa e poi per strada a fare casino contro i rom, e poi su una nave, e quanto gli piacerebbe bloccare le carrette del mare cariche di vite disperate e lasciarne annegare qualcuna. Italiano. Orgoglio. Nazione. Popolo sovrano. Avanzare. Si è presentato così. Sono queste le parole che gli hai sentito dire. Ma dove sta andando il soldato politico? Qual è il suo Capitano?

Le nuove leve della "cosa nera" sono i bambini mandati in vacanza con Forza nuova dove, tra rituali militari e marce patriottiche, si cantano in coro i brani dei leader dell'eversione degli anni settanta. Sono gli adolescenti che calcano i tappeti delle palestre dove si fa il saluto romano e si imbocca la "via del guerriero". Dove formazioni neonaziste organizzano combattimenti per fare pura propaganda politica. I ragazzi più grandi si cimentano con l'addestramento fisico e le prove di resistenza nei campus. Intanto i figli della lupa 2.0, istruiti dai capi, fanno massa critica nelle scuole medie e nei licei, nei collettivi universitari, nel mondo dell'associazionismo, nelle curve degli stadi.

Fatte le proporzioni, al netto dell'epoca attuale e dei paletti della nostra repubblica che affonda le sue radici profonde nell'antifascismo, l'impressione che mi ha accompagnato in questa esplorazione del fascismo giovanile è nitida: dietro l'immagine in movimento dei nuovi balilla, sembra di rivedere – elaborate, ricontestualizzate – schegge della storia di ieri. Quella storia che ha precipitato l'Italia nell'epoca più buia, nell'oscurità del regime mussoliniano e del nazifascismo. Una stagione durante la quale i giovani dovevano assolvere a un obbligo morale: sentirsi soldati anche se non combattevano. Soldati politici, una delle definizioni più in voga oggi tra i gruppi dell'ultradestra.

Sarebbe fuorviante e scorretto chiamarli ricorsi della storia. Sta di fatto che – come nel film di Tom McLoughlin tratto dal racconto di Stephen King – "a volte ritornano". Fascisti o postfascisti. Tornano sotto nuove forme, con caratteristiche e linguaggi apparentemente rinnovati, al passo coi tempi e le mode di oggi. Alla fine quello che più mi colpisce della gioventù nera è che non c'è discontinuità nella linea del suo percorso: tutto – nella formula, nelle strutture – è saldamente ancorato a "ieri", a un passato che non passa. È vero: i capi di alcuni gruppi, con la fine del secolo scorso, hanno mutato radicalmente indirizzo. Si sono lasciati alle spalle le posizioni isolazioniste del dopoguerra, quelle mutuate da Julius Evola, scegliendo tatticamente di indossare una muta e di immergersi nei processi democratici. Per intaccarli. Ma in questa nuova fase i fascisti e i nazisti non si sono mai staccati da quelle radici ideali. Hanno solo usato il cambio di strategia per sdoganarle e presentarle in società: e renderle accettabili.

Come cavalli di Troia le formazioni della destra radicale neosovranista entrano in democrazia con un obiettivo: sfiancarla. Per poi eventualmente sovvertirla. Parlano di dinamismo, di turbovelocità futurista. Si paragonano a frecce in movimento (CasaPound). Ma l'alba dorata a cui abbaiano i lupi appare come una scena ferma: magari iperconnessa, e però stagnante, stantia. Quello che cambia – ed è l'aspetto più preoccupante – sono le sponde. Il fattore che può facilitare la crescita e la diffusione dei gruppi. Se ai tempi del Fronte della gioventù e dei Campi Hobbit, negli anni settanta, i padrini dei giovani fascisti erano i vertici dell'Msi – un partito che non è mai stato al governo –, oggi gli avanguardisti di CasaPound, Forza nuova, Lealtà Azione, Vfs, Generazione identitaria sfruttano il gancio offerto dalla Lega, già primo partito italiano e già prima forza di governo (nel momento in cui il libro va in stampa all'opposizione). E, grazie a questo traino, avanzano.

Raccontare l'educazione fascista nell'era scivolosa della postideologia e della postverità significa illuminare un mondo in buona parte sommerso. Ma sempre più di moda tra gli under 18. Quei giovani a cui adesso tocca "avanzare usando le munizioni che dalle retrovie noi mettiamo loro a disposizione" (Maurizio Murelli, da tempo vicino alla Lega salviniana, amico di lunga data di Gianluca Savoini e Mario Borghezio, due soldati della Lega più nera).*

In questo viaggio, una domanda non ha mai smesso di assillarmi. Possibile che, settantacinque anni dopo la liberazione dell'Italia dal nazifascismo, e novantaquattro anni dopo la nascita dei balilla, le teorie dell'ultradestra siano tornate ad attecchire tra i ragazzi? Chi sono i gruppi che hanno rimodulato quelle dottrine per riproporle alle nuove generazioni? Perché? E, soprattutto, con quale obiettivo?

Ecco cosa diceva il duce a proposito della formazione dei balilla: "L'infanzia, come l'adolescenza... non può essere alimentata solo di concetti, di teorie, di insegnamenti astratti. Le verità che vogliamo loro insegnare devono parlare prima alla loro fantasia, al loro cuore, poi alla loro mente". Insomma, per formare il carattere era fondamentale suscitare l'emotività dei giovani più che il loro senso critico. Per questo, nell'educazione del giovane fascista, all'astrattezza dell'insegnamento tradizionale si opponeva il "valore educativo dell'azione e dell'esempio".

È un cerchio che si chiude. I tasselli del mosaico tornano al loro posto. L'azione, l'esempio. L'uomo nuovo che si forma dentro una comunità unita dalla forza, dall'affermazione, dalla supremazia dell'io guerriero, io soldato. Penso che il cameratismo giovanile di ritorno sia un fenomeno rischioso. Lo è ancora di più se lo sottovalutiamo o, peggio ancora, lo banalizziamo riducendolo a folklore. Ecco perché, oggi più che mai, occorre tenere alta la guardia di fronte alla capacità di attecchire – anche tra gli adolescenti – di sentimenti e slogan che si nutrono della vocazione

---

* Cfr. C. Gatti, *I demoni di Salvini. I postnazisti e la Lega*, Chiarelettere, Milano 2019.

populista e autoritaria di alcuni leader politici, i cui calcoli e la cui spregiudicatezza, nell'Italia dei nuovi razzismi, hanno l'effetto di un detonatore. E possono favorire quel processo di fronte al quale ancora tanti italiani, nonostante ciò che la storia ha insegnato, continuano a non provare né indignazione né fastidio: la progressiva fascistizzazione della società.

Non ho immaginato questo viaggio come fosse un plenilunio. Però qualche essere umano potenzialmente capace di trasformarsi in bestia feroce – nel branco dei lupi – credo di averlo incrociato. Il bello, o il brutto, è che appartengono, da vicino o più marginalmente, allo stesso mondo di cui si occupano ogni giorno le cronache politiche: poltrone del potere, alleanze, campagne elettorali, manifestazioni, voti, slogan, insulti on line, manganello via social. Lassù ci sono quelli furbi che hanno imparato a usare quelli sotto. Per cinico calcolo o perché davvero domani, chissà, domani magari ci sarà bisogno di loro, degli uomini-lupo. La generazione dei nuovi balilla che l'estrema destra italiana sta costruendo, in fondo, ha la stessa funzione dei loro antenati: serve per far vedere quanto forte è la patria, come pulsa il cuore dell'orgoglio italiano. Per questo i giovani entrano nel branco. È uno specchio che gli viene regalato. La patria sei tu, esisti in quanto patriota. Il disagio – sociale, economico, culturale – genera sempre il bisogno un po' primordiale di riconoscerti in altri come te. Simili non solo nella specie: anche nella condizione. Nella sua indagine sull'origine dell'aggressività umana (*Uomo diventa lupo*, 1951) l'eclettico studioso austriaco Robert Eisler racconta che quando il comandante delle SS Heinrich Himmler programmò la gioventù tedesca pensò alla "trasformazione del gregge umano frugivoro in branco carnivoro". Una metamorfosi realizzata anche grazie al "travestimento dei cacciatori in lupi". È il ritorno del talismano. Mentre lo scruti e decidi quale lato scegliere, ricorda che il dente di lupo assolve a una sola funzione. E non dà mai una seconda possibilità.

Ringraziamenti

Grazie a tutti coloro che in questi anni, sostenendomi, hanno creduto e continuano a credere nella mia piccola battaglia giornalistica e civile.
Grazie ai miei angeli custodi per il loro lavoro: Adriano, Amerigo, Antonio, Davide, Giovanni, Gigi, Marco, Max, Michele, Paolo, Roberto, Tino.
Grazie a Carlo Verdelli per avere "alzato la voce" con la sua forza tranquilla.
Grazie a Liliana Segre per la sua straordinaria e inimitabile lezione.
Grazie per la fiducia a Carlo Feltrinelli, Gianluca Foglia e Alessia Dimitri.
Grazie a Camilla Cottafavi per l'appassionata cura e a Barbara Travaglini per il rush finale.
Grazie alla mia preziosa agente, Emanuela Minnai.
Grazie a Federica per avere seguito la costruzione, e non solo quella.
Grazie ad Alessandra Bellomo che mi sopporta ogni giorno.
Grazie sempre alla mia famiglia e a chi, ricambiato, mi vuole bene.

Indice

11 Introduzione. Dente di lupo
Un'antica runa, 12; *I soldati politici sono tornati*, 15; *L'educazione gentile di un fascista del terzo millennio*, 18

23 Prima sezione. L'ARTE DELLA LOTTA

25 1. Pessano-Bangkok
Corpi sul ring, 25; *La paura appartiene alle prede*, 33; *La politica non c'entra*, 36

43 2. I valori del guerriero
Muay thai: il mito delle origini, 43; *Infiltrazione*, 46; *Due palle*, 53; *Gli uomini di domani*, 57

60 3. Nella galassia sotterranea
Pugni neri, 60; *Il guerriero salentino*, 62; *C.O.C.D. (Credere Obbedire Combattere. E Difendere)*, 66; *La parabola del crociato*, 71; *I "gladiatori" e i "pulcini"*, 77; *L'università dei lottatori*, 78; *Il ragazzo bianco*, 83; *Le rune dei boschi*, 88; *La tana dei cavalieri*, 96; *Il muro scricchiola*, 102; *Circuito tartaruga*, 106; *Operazione Himmler*, 116

127 Seconda sezione. LE NUOVE COLONIE

129 1. Vacanze per bambini italiani
In colonia si sta bene, 129; *Karaoke Nar*, 133; *"Pidocchio rosso"*, 138; *Le educatrici*, 140

144 2. Gioventù fascista
Sport per il popolo, 144; *La conquista dei giovani*, 149; *I campi nero-verdi*, 152

161 Terza sezione. SONO TORNATI

163 1. Geografia sovranista
Pianeti e satelliti, 163; *In tutto il paese*, 165; *Che stile*, 172; *Dottrina X^a Mas*, 175

180 2. I giovani di Pontida non sono più padani
La casa brucia, 180; *Il marinaio identitario*, 187; *Orgoglio italiano*, 193

199 3. Le regole del branco
La falsa famiglia, 199; *Videogame suprematisti*, 218

230 Epilogo. L'italiano nuovo

235 Ringraziamenti